财政部规划教材
全国高等院校会计系列教材

财会技能综合实训

杨明　常茹　薛媛　孙文琪　主编

中国财经出版传媒集团
中国财政经济出版社

图书在版编目（CIP）数据

财会技能综合实训/杨明等主编. —北京：中国财政经济出版社，2019.1
财政部规划教材 全国高等院校会计系列教材
ISBN 978-7-5095-8617-4

Ⅰ.①财… Ⅱ.①杨… Ⅲ.①财务会计-高等学校-教材 Ⅳ.①F234.4

中国版本图书馆 CIP 数据核字（2018）第 246739 号

责任编辑：马立祥　　　　　　　责任校对：张　凡
封面设计：孙俪铭

中国财政经济出版社 出版
URL: http://www.cfeph.cn
E-mail: cfeph@cfeph.cn
（版权所有　翻印必究）
社址：北京市海淀区阜成路甲 28 号　邮政编码：100142
营销中心电话：010-88191537　北京财经书店电话：64033436　84041336
北京中兴印刷有限公司印刷　各地新华书店经销
787×1092 毫米　16 开　13.5 印张　328 000 字
2019 年 1 月第 1 版　2019 年 1 月北京第 1 次印刷
定价：39.00 元
ISBN 978-7-5095-8617-4
（图书出现印装问题，本社负责调换）
本社质量投诉电话：010-88190744
打击盗版举报热线：010-88191661　QQ：2242791300

前　言

本书主要考虑高等院校会计理论教学与实践教学并重的时代特点，适应会计大类应用型人才培养的需要，在依据《中华人民共和国会计法》《会计基础工作规范》《企业内部控制规范》《现金管理条例》《银行支付结算办法》《中华人民共和国票据法》《企业会计准则》等会计法律法规内容的基础上，结合最新的税法制度和模拟真实企业的完整经济业务流程，编写而成。

本书是按照会计实际业务工作系统化的设计思路，对会计学原理、企业财务会计、成本计算与分析、税费计算与申报、企业财务管理等课程内容进行实践的一门综合性实践课程。在认知企业、会计机构、会计岗位以及各岗位职责、会计制度的基础上，以会计信息生成的会计工作流程即"建立会计账簿——编制和审核原始凭证——编制记账凭证——登记总账、明细账和日记账——期末对账和结账——编制会计报表——整理会计档案"组织教学过程，在进行手工分岗实训的同时，也可以进行信息化混岗实训。本书在教学内容组织上，按照会计人员入职经历，首先认知整个企业，其次了解会计工作，最后按照会计信息生成的工作顺序开展会计工作。学生对大量经济业务进行处理，通过手工综合模拟实训，将所学块状的会计知识系统化，在掌握会计核算的一般方法及会计业务办理一般流程的基础上，具有办理各会计职业岗位工作的相关技能；通过岗位分组模拟，提高学生团结合作及岗位之间互相沟通与协调的能力。该实训能够培养学生的会计综合职业能力，使学生可以综合运用会计专项技能和信息技术方法，处理和解决会计事务、提供会计信息，为将来就业打下基础。本书主要包括四部分：财会技能综合实训说明，财会技能综合实训基本规范，模拟企业资料和模拟企业有关经济业务。同时在书后提供各类主要实训表格的范例，作为课程资源方便用书教师备课使用。

本教材配有练习答案，用书学校老师如有需要，请以电子邮件形式向中国财政经济出版社索取（请注明：学校、全书名、版次），E-mail：caijingjiaocai@163.com。

本教材由杨明、常茹、薛媛、孙文琪担任主编，由主编负责教材的结构设计、内容修订和总撰定稿。李萍、王虹、孙景翠、温薇、孙丽娟担任副主编，范亚东、林艳、史元、石泓、王积田、赵冬梅、张笑涓、陈凤霞、李炜、刘晓丽、马吉巍、曲娜、赵雨欣等参与编写。

本教材在编写过程中参考了相关书籍资料和数据，并得到中国财政经济出版社的大力支持，在此一并表示感谢。限于编者水平，疏漏不当之处，诚请斧正。

编　者

戊戌年辛酉月　于后稷园

目　录

第一部分　财会技能综合实训说明 ……………………………………………（ 1 ）
　　一、财会技能综合实训的目的及任务 ……………………………………（ 1 ）
　　二、财会技能综合实训的一般要求 ………………………………………（ 1 ）
　　三、财会技能综合实训的内容及能力标准 ………………………………（ 2 ）

第二部分　财会技能综合实训基本规范 ………………………………………（ 3 ）
　　一、会计书写规范 …………………………………………………………（ 3 ）
　　二、会计凭证规范 …………………………………………………………（ 5 ）
　　三、会计账簿规范 …………………………………………………………（ 9 ）
　　四、财务报告编制规范 ……………………………………………………（ 13 ）

第三部分　模拟企业资料 ………………………………………………………（ 16 ）
　　一、企业概况 ………………………………………………………………（ 16 ）
　　二、企业会计核算规定及管理制度 ………………………………………（ 17 ）
　　三、模拟会计期间期初余额 ………………………………………………（ 19 ）
　　四、模拟企业实训具体要求 ………………………………………………（ 21 ）

第四部分　模拟企业有关经济业务 ……………………………………………（ 23 ）
　　一、2020年8月利洛家具有限责任公司有关经济业务 …………………（ 23 ）
　　二、实训用表 ………………………………………………………………（173）

第一部分 DIYIBUFEI

财会技能综合实训说明

一、财会技能综合实训的目的及任务

通过实训使学生对某一会计主体在某一时期内发生的各类经济业务，按真实的核算要求，完成填制并审核原始凭证、填制并审核记账凭证、登记账簿、编制财务报表等会计核算工作。它是会计课程课堂教学的延续，是会计单项实训的综合，也是会计岗位真实工作场景的演习。具体来说其目的主要包括：

1. 全面巩固课堂学习的理论知识，增强感性认识，为会计专业课程的学习和岗位工作实践打下基础。

2. 进一步掌握会计核算的基本技能，提高学生动手能力，包括审核原始凭证的能力、填制记账凭证的能力、设置登记各类账簿的能力、编制财务报表的能力、账目稽核的能力等。

3. 培养学生认真细致、一丝不苟的工作作风，以及理论联系实践的学习态度。

二、财会技能综合实训的一般要求

要求每个学生必须对所有经济业务按实际会计工作的要求，独立进行操作，最终把证、账、表资料装订成册，形成实训成果。具体包括：

1. 进行实训时，必须正确理解原始凭证所反映经济业务的具体内容，在进行认真思考确认无误后方可进行具体处理。为了防止出现错误和遗漏，做完后应认真加以检查和复审。

2. 会计实训相当于实际工作过程，因此，应按照实际会计核算的具体要求，依次做好会计凭证的填制、账簿的登记和会计报表的编制工作。

3. 实训所用的各种凭证、账簿和报表一律使用国家统一会计制度要求使用的格式。凭证账簿、报表上所列的项目要按规定填写清楚、完整。

4. 在填制会计凭证、登记账簿和编制会计报表时除按规定必须使用红墨水书写外，所有文字、数字书写都应该使用蓝（黑）墨水书写，不准使用铅笔和圆珠笔（复写凭证除外）。

5. 在实训过程中，对于出现的账务处理错误，应按规定的方法更正，不得任意涂改、刮擦挖补。

6. 文字和数字书写要正确、整洁、清楚、流畅。

三、财会技能综合实训的内容及能力标准

财会技能综合实训的内容及能力标准如表 1-1 所示。

表 1-1

序号	项目名称	主要内容	应达到的能力标准
1	期初建账	1. 建明细分类账 2. 建总分类账 3. 建日记账	能正确地开设总分类账、明细分类账、现金日记账和银行存款日记账
2	填制和审核原始凭证	1. 根据有关经济业务填制原始凭证 2. 审核原始凭证	能正确地填制和审核原始凭证
3	填制和审核记账凭证	1. 根据有关经济业务填制记账凭证 2. 审核记账凭证	能正确地填制和审核记账凭证
4	登记明细分类账	根据审核无误的记账凭证登记各类明细分类账	能准确、无误地登记明细分类账
5	登记总分类账	根据明细分类账登记总分类账	能准确、无误地登记总分类账
6	编制试算平衡表	根据总账期初余额、本期借贷方发生额及期末余额编制试算平衡表	能准确、无误地编制试算平衡表并进行试算平衡
7	对账、结账	1. 在各种账簿中进行对账 2. 对各种账簿进行结账	能对各种账簿进行对账和结账
8	编制财务报表	1. 编制资产负债表 2. 编制利润表	能正确地编制资产负债表和利润表
9	归档	1. 整理凭证、账本、报表 2. 装订凭证、账本、报表 3. 将会计资料归档管理	能准确整理和装订凭证、账本、报表，并归档管理

第二部分 DIERBUFEI

财会技能综合实训基本规范

一、会计书写规范

（一）会计书写基本规范

会计书写规范是指会计工作人员，在经济业务活动的记录过程中，对接触的数字和汉字的一种规范化书写以及书写方法。会计工作离不开书写，没有规范的书写就没有会计工作质量。书写规范也是衡量一个会计工作人员素质高低的标准。一个合格的会计人员，首先书写应当规范，这样才能正确、清晰地书写计算结果，为决策者提供准确、可靠的会计信息，更好地为经济决策服务。

会计书写的内容包括阿拉伯数字书写和汉字书写两大部分。在一些外资企业，有时需用外文记账，外文字母的书写也应当规范。

会计书写基本规范的要求：正确、规范、清晰、整洁、美观。

1. 正确。指对业务发生过程中的数字和汉字要准确、完整地记录下来，这是书写的基本前提。只有对所发生的经济业务正确地反映出其发生的全过程、内容及结果，书写才有意义。

2. 规范。指对有关经济活动的记录书写一定要符合财会法规和会计制度的各项规定，符合对财会人员的要求。无论是记账、核算、分析、编制报表，都要书写规范、数字准确、文字适当、分析有理，要严格按书写格式书写，文字以国务院公布的简化汉字为标准，数字按规范要求书写。

3. 清晰。指字迹清楚，容易辨认，账目条理清晰，使人一目了然，无模糊不清之感。

4. 整洁。指账面干净、清洁，文字、数字、表格条理清晰，整齐分明。书写字迹端正，大小均匀，无参差不齐及涂改现象。

5. 美观。书写除准确、规范、整洁外，还要尽量使结构安排合理，字迹流畅、大方，给人以美感。

会计工作人员一般都要有两枚名章，一枚为方形姓名章，用于原始凭证、记账凭证、会计报表等指定位置的签章；另一枚为小长方形姓名章，用于更正数字，规格为 $16 \times 4cm$。在凭证、账簿、报表上盖名章时，一般用红色印油。在各种会计资料上签名时，要签姓名全称。

（二）数字书写规范

阿拉伯数字书写规范是指要符合手写体的规范要求。阿拉伯数字，是世界各国的通用数字，书写的顺序是由高位到低位，从左到右依次写出各位数字。

1. 数字书写的要求：
（1）高度。每个数码要紧贴底线书写，其高度占全格的 1/2。
（2）角度。各数字的倾斜度要一致，一般要求上端向右倾斜 60 度。
（3）间距。每个数字要大小一致，数字排列应保持同等距离，每个字上下左右要对齐。在印有数位线的凭证、账簿、报表上，每一格只能写一个数字，不得几个字挤在一个格里，也不得在数字中间留有空格。
（4）要保持个人的独特字体和本人的书写特色，使别人难以模仿或涂改。

除此之外，不要把"0"和"6"、"1"和"7"、"3"和"8"、"7"和"9"写混。在阿拉伯数码的整数部分，可以从小数点起向左按"三位一节"空 1/4 汉字的位置或用分位点","分开。

2. 数字书写错误的更正方法。数字书写错误一般采用划线更正法。如写错一个数字，不论在哪位，一律用红线全部划掉，在原数字的上边对齐原位写上正确数字。

（三）汉字书写规范

与经济业务活动相联系的汉字书写包括数字的大写和企业名称、会计科目、费用项目、商品类别、计量单位以及摘要、财务分析报表等的书写等。

1. 文字书写的基本要求：
（1）简明扼要准确。指用简短的文字把经济业务发生的内容记述清楚，在有格限的情况下，文字数目多少，要以写满但不超出该栏格为限。会计科目要写全称，不能简化，子、细目要准确，要符合会计制度的规定，不能用表述不清、记叙不准的语句或文字。
（2）字迹工整清晰。指书写时用正楷或行书，不能用草书；不宜过大，一般上下要留空隙，也不宜过小；不能过于稠密，要适当留字距；不能写得大小不一。

2. 中文大写数字的写法。中文大写数字用于填写需要防止涂改的销货发票、银行结算凭证、收据等，因此，在书写时不能写错。如果写错，则本张凭证作废，需重新填制凭证。数字大写的基本要求：
（1）大写金额前要冠以"人民币"字样，"人民币"与金额首位数字之间不留空位，数字之间更不能留空位，写数与读数顺序要一致。
（2）人民币以元为单位，元后无角分的需要写"整"字。如果到角为止，角后也可以写"整"字；如果到分为止，分后不写"整"字。
（3）金额数字中间有连续几个"0"字时，可只写一个"零"字，如 500.70 元，应写作人民币伍佰元零柒角整。
（4）表示位的文字前必须有数字，如拾元整应写作壹拾元整。
（5）切忌用其他字代替，如"零"不能用"另"代替、"角"不能用"毛"代替等。

3. 摘要的书写。汉字书写中包括摘要的书写，主要包括记账凭证摘要、各种账簿摘要等。摘要是记录经济业务的简要内容，填写时应用简明扼要的文字反映经济业务概况。摘要书写的一般要求为：
（1）以原始凭证为依据。
（2）正确反映经济业务的内容。
（3）文字少而精，说明主要问题。
（4）书写字体占格的 1/2 为宜。

（5）字迹与汉字书写要求相同，要工整、清晰、规范。

不同类型的经济业务填写摘要栏没有统一格式，但同一类型的经济业务填写摘要时，文字表达是有章可循的。

二、会计凭证规范

（一）原始凭证填制规范

根据《中华人民共和国会计法》（以下简称《会计法》）和《会计基础工作规范》的规定，填制原始凭证应符合以下要求：

1. 反映要真实。在填制原始凭证时，应使凭证上所记载内容同发生业务的实际情况保持一致，即凭证上的日期、经济业务内容和数据必须按照经济业务的实际发生或完成情况来填制，保证其真实、可靠，不得填写匡算或估计数；原始凭证作为具有法律效力的证明文件，不允许在原始凭证的填制中有任何歪曲和弄虚作假的行为。

2. 内容要完整。在反映经济业务的相应原始凭证上，按照凭证已有的项目或内容，逐项填列，即应该填写的项目要逐项填写，不可缺漏；年、月、日要按照填制原始凭证的实际日期填写；名称要写全，不能简化；品名或用途要填写明确；有关人员的签章必须齐全。

3. 手续要完备。经办业务的单位、经办人员要对原始凭证认真审核并签章，以对凭证的真实性、合法性负责。按规定，从外单位取得的原始凭证，必须盖有填制单位的公章；从个人取得的原始凭证，必须有填制人员的签名或者盖章。自制原始凭证必须有经办部门负责人或其指定人员的签名或者盖章。对外开出的原始凭证，必须加盖本单位的公章。该公章应是具有法律效力和规定用途，能够证明单位身份和性质的印鉴，如企业公章、财务专用章、发票专用章、收款专用章或结算专用章等。

4. 书写要清楚、规范。原始凭证上的数字和汉字，字迹要清楚、整齐和规范，易于辨认。如，阿拉伯数字应当一个一个地写，不得连笔写；汉字大写数字金额如零、壹、贰、叁、肆、伍、陆、柒、捌、玖、拾、佰、仟、万、亿等，一律用正楷或者行书体书写，不得用简化字代替；所有以元为单位的阿拉伯数字，除表示单位等情况外，一律填写到角分；无角分的，角位和分位写"00"，或者符号"—"；有角无分的，分位应当写"0"，不得用符号"—"代替。

5. 填制要及时。所有经办业务的部门和人员，在每项经济业务发生或完成后，必须及时填制原始凭证，做到不拖延、不积压，按照规定的程序及时送交会计机构，以保证会计核算工作的正常进行。一般来说，填制或取得的原始凭证送交会计机构的时间最迟不应超过一个会计结算期。

6. 其他要求：

（1）凡填有大写和小写金额的原始凭证，大写与小写的金额必须相符。

（2）购买实物的原始凭证，必须有验收证明。实物购入后，要按照规定办理验收手续，以明确经济责任，保证账实相符。

（3）一式几联的原始凭证，必须注明各联的用途，并且只能以一联用作报销凭证；一式几联的发票和收据，除本身具备复写功能的外，必须用双面复写纸套写，并连续编号。作废时应加盖"作废"戳记，连同存根一起保存。

（4）发生销货退回及退还货款时，必须填制退货发票，并附有退货验收证明和对方单位的收款收据，不得以退货发票代替收据。

（5）单位人员公出借款的收据，必须附在记账凭证之后。借款收据是此项借款业务的原始凭证，是办理有关会计手续、进行相应会计核算的依据。在收回借款时，应当另开收据或者退还借款收据的副本，不得退还原借款收据。因为借款和收回借款虽有联系，但又有区别，在会计上需要分别进行处理，如果将原借款收据退还借款人，就会损害会计资料的完整性，使其中一项业务的会计处理失去依据。

（二）记账凭证填制规范

根据《会计法》和《会计基础工作规范》的规定，填制记账凭证除了应符合原始凭证的填制要求外，还应符合以下要求：

1. 记账凭证必须根据审核无误的原始凭证填制。记账凭证可以根据每一张原始凭证填制，也可以根据若干张同类原始凭证汇总编制，或者根据原始凭证汇总表填制，但不得将不同内容和类别的原始凭证汇总填制在一张记账凭证上。

2. 记账凭证应当连续编号。其目的是分清会计事项处理的先后顺序，便于记账凭证与会计账簿之间的核对，确保记账凭证的完整。记账凭证编号的方法有多种，可以按收款、付款、转账三类业务编号，或按现金收付、银行存款收付和转账三类业务编号，也可以按现金收入、现金支出、银行存款收入、银行存款支出和转账五类进行编号，或者将转账业务按照具体内容再分成几类编号。一笔经济业务事项需要填制两张或者两张以上记账凭证的，可以采用分数编号法编号，如1号会计事项分录需要填制三张记账凭证，就可以编成 $1\frac{1}{3}$、$1\frac{2}{3}$、$1\frac{3}{3}$ 号。

3. 记账凭证后必须附有原始凭证。除结账和更正错误等外，记账凭证必须附有原始凭证并注明所附原始凭证张数。所附原始凭证张数的计算，一般以原始凭证的自然张数为准。与记账凭证中的经济业务事项记录有关的每一张证据，都应当作为原始凭证的附件。如果记账凭证中附有原始凭证汇总表，则应该把所附的原始凭证和原始凭证汇总表的张数一起计入附件的张数之内。但报销差旅费等零散票券，可以粘贴在一张纸上，作为一张原始凭证。一张原始凭证如涉及到几张记账凭证的，可以将该原始凭证附在一张主要的记账凭证后面，在其他记账凭证上注明该主要记账凭证的编号或者附上该原始凭证的复印件。

4. 其他要求：

（1）记账凭证的填制日期原则上应与发生经济业务的日期一致，但由于凭证的传递需要时间，因此，有的也可以按凭证到达日期填写。如对现金收付款凭证，应以出纳人员实际收付款日期为编制日期；转账凭证应按经济业务发生或完成日期填写。

（2）记账凭证摘要的填写应简明扼要、说明清楚。填写的基本要求是：意思完备，字数简短，字迹清楚。如现金、银行存款的收付事项，应写明收付款人和款项的内容；采购商品要写清品种名、进货来源和批次，并能区分不同供货单位。

（3）会计科目必须按现行统一会计制度规定的全称填写，不得简化，不得用科目编号或外文字母代替，并根据经济业务的内容正确确定会计科目的借贷方和金额。

（4）填制完经济业务事项后的记账凭证，如有空行，应当在金额栏目最后一笔金额数字下的空行处至合计数上的空行处划斜线注销。

（三）会计凭证审核规范

1. 原始凭证的审核。对原始凭证进行审核，是确保会计资料质量的重要措施之一。《会计法》明确规定："会计机构、会计人员必须对原始凭证进行审核，并根据经过审核后的原始凭证编制记账凭证"。

（1）原始凭证审核的内容：

①真实性审核。审核凭证所反映的内容是否符合所发生实际经济业务的情况，数字、文字有无伪造、涂改、重复使用情况，各联之间数额有无不符情况等。主要包括：

a. 经济业务的双方当事单位和当事人必须是真实、合法的。

b. 经济业务发生的时间、地点和填制日期必须是真实的。

c. 经济业务的内容和"量"必须是真实的"量"指实物量和价值量。

②完整性审核。完整性审核的目的是确定原始凭证的编制是否符合要求，各个项目内容是否填写齐全，数字是否正确。要查看其凭证的各项指标是否完整，名称、商品规格、计量单位、数量、单位、大写、小写金额和填制日期的填写是否正确、清晰。

③合法性审核。合法性审核的内容包括：

a. 原始凭证生成程序的合法性，如企业或个人（具有营业执照的个体户）出具的营业凭证，如发票、运费收据、劳务费收据等，必须是经税务机关批准印制的。购买实物的原始凭证必须附有验收证明，以确认实物已经验收入库。

b. 审查原始凭证所反映的经济业务有无违反财会制度的规定，有无不按计划、预算办事的行为，资金使用是否符合规定，是否扩大了成本费用、开支范围，财产物资的收发、领退是否按照规定办理手续。

（2）原始凭证审核后的处理。对原始凭证经过审核后，应根据不同的审核结果，进行不同的审核后处理：

①对于内容合法、合理、完整、正确的原始凭证，按规定办理会计手续，据以填制记账凭证，并将原始凭证作为附件粘于记账凭证后面，以备查核。

②对于内容合法、合理而记载不准确、不完整的原始凭证，按规定暂缓办理会计手续，将原始凭证退回业务经办单位或人员，责令改正凭证记录的错误。经责任单位和有关人员更正错误后，对更正后的凭证进行复审，确定无误后准予办理会计手续。

③对于内容完整、正确而不合法、不合理的原始凭证，按规定拒绝办理会计手续，并向单位负责人报告。对于弄虚作假、营私舞弊、欺骗上级等违法乱纪行为应依据法律规定，坚决拒绝执行，并向有关方面反映情况。

2. 记账凭证的审核。记账凭证在记账前，必须经过审核。审核的内容主要是：

（1）记账凭证是否附有原始凭证，所附原始凭证的张数、经济内容、金额、合计等是否与记账凭证一致。

（2）经济业务是否正常，应借、应贷账户的名称和金额是否正确，账户对应关系是否清晰，所用账户的名称是否符合会计制度的规定。

（3）记账凭证中有关项目是否填写齐全，有关人员是否签名或盖章。

审核中如发现差错，应立即查明原因，或予重审或用划线更正法更正，并在更正处由更正人盖章，以示负责。在审核记账凭证时，如发现错误，必须查明原因，按规定办法及时改正。只有经过审核无误的记账凭证，才能据以记账。

（四）会计凭证更正规范

1. 原始凭证的错误更正。为了规范原始凭证的内容，明确相关人员的经济责任，防止利用原始凭证进行舞弊，《会计法》规定：

（1）原始凭证所记载的各项内容均不得涂改，随意涂改原始凭证即为无效凭证，不能作为填制记账凭证或登记会计账簿的依据。

（2）原始凭证记载的内容有错误的，应当重开或更正，此项工作必须由原始凭证出具单位负责，并在更正处加盖出具单位印章。原始凭证金额出现错误，不得更正，只能由原始凭证开出单位重开。因为如果允许随意更改原始凭证上的金额，容易产生舞弊，不利于保证原始凭证的质量。

（3）原始凭证开具单位应当依法开具准确无误的原始凭证，对填制有误的原始凭证，负有更正和重新开具的法律义务，不得拒绝。

2. 记账凭证的错误更正：

（1）如果在填制记账凭证时发生错误，应当重新填制。

（2）已经登记入账的记账凭证，在当年内发现填写错误时，可以用红字填写一张与原内容相同的记账凭证，在摘要栏注明"注销某月某日某号凭证"字样，同时再用蓝字重新填制一张正确的记账凭证，注明"更正某月某日某号凭证"字样。

（3）如果会计科目没有错误，只是金额错误，也可以将正确数字与错误数字之间的差额，另填制一张调整的记账凭证，调增金额用蓝字，调减金额用红字，注明"更正某月某日某号凭证"字样。

（4）发现以前年度记账凭证有错误的，应当用蓝字填制一张更正的记账凭证。

（五）会计凭证保管规范

1. 各单位每年编制的会计凭证，应当由会计机构按照归档要求，负责整理立卷，装订成册。

（1）记账凭证应当连同所附的原始凭证或者原始凭证汇总表，按照编号顺序，折叠整齐，按期装订成册，并加具封面，注明单位名称、年度、月份和起讫日期、凭证种类、起讫号码，由装订人在装订线封签处签名或者盖章。

（2）对于数量过多的原始凭证，可以单独装订保管，在封面上注明记账凭证日期、编号、种类，同时在记账凭证上注明"附件另订"和原始凭证名称及编号。

各种经济合同、存出保证金收据以及涉外文件等重要原始凭证，应当另编目录，单独登记保管，并在有关的记账凭证和原始凭证上相互注明日期和编号。

2. 当年形成的会计档案，在会计年度终了后，可暂由会计机构保管一年，期满之后，应当由会计机构编制移交清册，移交本单位档案机构统一保管；未设立档案机构的，应当在会计机构内部指定专人保管。出纳人员不得兼管会计档案。

移交本单位档案机构保管的会计档案，原则上应保持原卷册的封装。个别需要拆封重新整理的，档案机构应会同会计机构和经办人员共同拆封整理，以分清责任。

3. 原始凭证不得外借，其他单位如因特殊原因需使用原始凭证时，经本单位会计机构负责人、会计主管人员批准，可以复制。向外单位提供的原始凭证复制件，应当在专设的登记簿上登记，并由提供人员和收取人员共同签名或者盖章。

4. 从外单位取得的原始凭证如有遗失，应当取得原开出单位盖有公章的证明，并注明原来凭证的号码、金额和内容等，由经办单位会计机构负责人、会计主管人员和单位领导人批准后，才能代作原始凭证。如果确实无法取得证明的，如火车、轮船、飞机票等凭证，由当事人写明详细情况，由经办单位会计机构负责人、会计主管人员和单位领导人批准后，可代替原始凭证。

三、会计账簿规范

（一）会计账簿设置规范

会计账簿的设置是各企事业单位根据《会计法》《会计基础工作规范》和相关准则、制度原则的规定，结合本单位会计核算业务的需要，建立有关的会计账簿，构成本企业会计核算体系的过程。

会计账簿的设置一般是在企业开张或更换新账之前进行。所有实行独立核算的国家机关、社会团体、公司、企业、事业单位和其他组织都必须依法设置登记会计账簿，并保证其真实、完整。不得违反《会计法》和国家统一的会计制度规定私设会计账簿进行登记。但建账册数以及每册账簿选用的格式可根据企业的实际情况来确定。

1. 总账和日记账的设置。总账和日记账一般采用订本式。选购时结合企业业务量的大小，尽量使选用的账页满足一年所用。活面账装订成册时，应注意纸色、大小的一致，且装订应排齐订紧，以保证账本外形美观，防止账页松动。

账簿封面的颜色，同一年度应力求统一，每年应更换一色，以便于区别。

2. 明细账的设置。各种明细分类账按照二级科目设置账户，记录经济业务的明细情况，是对总分类账的必要补充。一般来说，明细账除了记录金额以外，还要记录实物数量、费用与收入的构成、债权债务结算等具体情况。因此，要按照经济业务的不同特点和管理要求，采用不同格式、不同形式的账页。明细账一般采用活页账，有些也采用卡片账。其基本格式主要有"三栏式""数量金额式""多栏式""横线登记式"几种格式。基本生产、辅助生产、制造费用、产品销售费用、经营费用、管理费用和财务费用等科目的明细核算可采用规范化的多栏式明细账。

3. 辅助账的设置。辅助账（备查账簿）按其所反映的经济业务事项分别设立账户。如代管物资辅助账是按委托单位和代管物资的品名设立账户，租入固定资产登记簿是按租借单位和固定资产名称设立账户。

4. 会计账簿封面的设置。会计账簿应设置封面、标明单位名称、账簿名称及所属会计年度。账簿的扉页，应设立账簿启用表。账簿的第一页，应设置账户目录并注明各账户页次。

5. 会计账簿账户的设置。账簿中的总账是按会计科目的名称和顺序设立的，每一个科目设立一个账户。明细账原则上每一个子目设立一个明细账户，但可根据实际情况增设或删减。

为使查找方便，提高登账速度，可以在账簿上方或右面粘贴标签纸，写上会计科目。标签纸的高度标准为：打开账本封面，可见标签纸上科目名称；合上封面，几乎不露标签纸。

（二）会计账簿登记规范

1. 会计账簿启用：

（1）设置账簿的封面、封底。除订本式账簿不另设封面外，各种活页式账簿均应设置与账页大小相一致的账夹、封面、封底，并在封面正中部分设置封签，用蓝黑墨水书写单位名称、账簿名称及所属会计年度。

（2）填写账簿启用及经管人员一览表。新会计账簿启用时，应首先填写在账簿扉页上印制的"账簿启用及交接表"中的启用说明部分，内容包括：启用日期、账簿页数、记账人员和会计机构负责人、会计主管人员姓名，并加盖名章和单位公章。

记账人员或者会计机构负责人、会计主管人员调动工作时，应办理交接手续并填写："账簿启用及交接表"，注明交接日期、接办人员或者监交人员姓名，并由交接双方人员签名或者盖章。

（3）编写账簿页码和账户目录。启用订本式账簿，应当从第一页到最后一页顺序编定页数，不得跳页、缺号。使用活页式账页，应当按账户顺序编号，并须定期装订成册。装订后再按实际使用的账页顺序编定页码，另加目录，记明每个账户的名称和页次。

（4）粘贴印花税票内容：

①使用缴款书缴纳印花税，在账簿启用表右上角注明"印花税"已缴及缴款金额，缴款书作为×××年××月××日第×号记账凭证的原始凭证。

②粘贴印花税票的账簿，印花税票一律贴在账簿启用表的右上角，并在印花税票的中间划两条出头的注销线，以示税票注销。

2. 会计账簿的登记。会计人员应根据审核无误的会计凭证登记会计账簿。登记账簿的基本要求是：

（1）登记会计账簿时，将会计凭证日期、编号、业务内容摘要、金额和其他有关资料逐项记入账内，做到数字准确、摘要清楚、登记及时、字迹工整。

（2）登记完毕后，要在记账凭证上签名或者盖章，并注明已经登账的符号，表示已经记账。

（3）账簿中书写的汉字和数字应在簿页格子中留有适当空间，不要写满格子，一般应占格距的1/2。

（4）登记账簿要用蓝黑墨水或者碳素墨水书写，不得使用圆珠笔（银行的复写账簿除外）或者铅笔书写。

（5）下列情况，可以用红色墨水记账：

①按照红字冲账的记账凭证，冲销错误记录。

②在仅设借（贷）方的多栏式账页中，登记冲减数。

③划更正线、结账线和注销线。

④在冲销银行存款日记账时，登记冲销的支票号码。

⑤按暂估价入账的材料或商品，下月初可用红字冲回上述暂估价。

⑥材料按计划成本计价时，发出材料的计划成本大于实际成本时，用红字冲减材料成本差异。

⑦销售产品发生退货时，用红字冲减原先入账的销售收入和销售成本。

⑧账簿一页之内的多余行次，画红色斜线注销。

⑨在没印明余额方向时，用红字表示"负数"。

（6）各种账簿按页次顺序连续登记，不得跳行、隔页。如果发生跳行、隔页，应当将空行、空页划线注销，或者注明"此行空白"、"此页空白"字样，并由记账人员签名或者盖章。

（7）凡需要结出余额的账户，结出余额后，应当在"借或贷"等栏内写明"借"或者"贷"等字样。没有余额的账户，应当在"借或贷"等栏内写"平"字，并在余额栏内用"0"表示。现金日记账和银行存款日记账必须逐日结出余额。

（8）每一账页登记完毕结转下页时，应当结出本页合计数及余额，写在本页最后一行和下页第一行有关栏内，并在摘要栏内注明"过次页"和"承前页"字样；也可以将本页合计数及金额只写在下页第一行有关栏内，并在摘要栏内注明"承前页"字样。

对需要结计本月发生额的账户，结计"过次页"的本页合计数应当为自本月初起至本页末止的发生额合计数；对需要结计本年累计发生额的账户，结计"过次页"的本页合计数应当为自年初起至本年末止的累计数；对既不需要结计本月发生额也不需要结计本年累计发生额的账户，可以只将每页末的余额结转次页。

（三）对账、结账规范

1. 对账。《会计法》第十七条规定："各单位应当定期将会计账簿记录与实物、款项及有关资料相互核对，保证会计账簿记录与实物及款项的实有数额相符、会计账簿记录与会计凭证的有关内容相符、会计账簿之间相对应的记录相符。"

对账包括账簿与凭证的核对、账簿与账簿的核对、账簿与财产物资实存数额的核对。由于对账的内容不同，对账的方法也有所不同，一般的核对方法和内容如下：

（1）账证的核对。账证核对是指将账簿记录与记账凭证、原始凭证进行核对，这是账账相符、账实相符的前提条件。这种核对工作平常是通过编制凭证和记账中的"复核"环节进行的，使错账能及时更正。账证核对的内容包括：总账与记账凭证汇总表是否相符，明细账与记账凭证的会计科目、子目、借贷金额、摘要是否相符，序时明细账与记账凭证及所附原始凭证要核对经济业务的内容及金额；涉及支票的，应核对支票号码；涉及银行其他结算票据的，应核对票据种类，以保证账证相符。

（2）账账的核对。账账核对是指各种账簿之间的有关数字核对相符。通常有：

①总账资产类科目各账户期末余额合计与负债和所有者权益类科目各账户期末余额合计应相等，每一汇总期至少要核对一次。

②总账各账户与所辖明细账户每一汇总期至少核对一次。核对相符后，要在对账符号栏打"√"，以示账簿核对完毕。

③会计部门的总账、明细账与业务、仓储部门的业务账、卡和保管账之间，与有关职能部门的财产、业务周转金（备用金）之间以及有关代管、备查簿之间的账目，包括收、付、存数量和金额，每月至少要核对一次。

（3）账实的核对。账实的核对包括实存数与账存数的核对工作。账实核对的基本内容为：

①现金日记账的账面余额与现金实际库存数额应每日核对，单位主管会计每月至少应抽查一次，并填写库存现金核对情况报告单。

②银行存款日记账的账面余额与开户银行对账单核对。通过核对，每月编制一次银行对账调节表。

③有价证券账户应与单位实存有价证券（或收款收据）相符，每半年至少核对一次。

④商品、产品、原材料及包装物明细账的账面余额，应定期与实存数相核对。

⑤各种债权、债务类明细账的账面余额与债权、债务人相核对，并督促有关责任人积极处理。

⑥出租、租入、出借、借入财产等账簿，除合同期满应进行清查外，至少每半年核对一次，以保证账账相符、账实相符。

2. 结账。结账是指在将本期内所发生的经济业务事项全部登记入账的基础上，按照规定的方法对该期内的账簿记录进行小结，结算出本期发生额合计和余额，并将其余额结转下期或者转入新账。

结账可分为月结、季结和年结等。为了正确反映一定时期内在账簿记录中已经记录的经济业务事项，总结有关经济业务活动和账务状况，各单位必须在会计期末进行结账，不能为赶编财务会计报告而提前结账，更不能先编制财会计报告后结账。

（1）结账前，应将本期内所发生的经济业务事项全部登记入账，对需要调整的账项要及时调整。

（2）结账时，应当根据不同的账户记录，分别采用不同的方法：

①对不需要按月结计本期发生额的账户，如各项应收、应付款明细账和各项财产物资明细账等，每次记账以后，都要随时结出余额，每月最后一笔余额即为月末余额。月末结账时，只需要在最后一笔经济业务事项记录之下通栏划红单线，不需要再结计一次余额。

②现金、银行存款日记账和需要按月结计发生额的收入、费用等明细账，每月结账时，要在最后一笔经济业务事项记录下面通栏划红线，结出本月发生额和余额，在摘要栏内注明"本月合计"字样，在下面通栏再划红单线。

③需要结计本年累计发生额的某些明细账户，每月结账时，应在"本月合计"行下结出自年初起至本月末止的累计发生额，登记在月份发生额下面，在摘要栏内注明"本年累计"字样，并在下面通栏再划红单线。12月末的"本年累计"就是全年累计发生额，全年累计发生额下通栏划红双线。

④总账账户平时只需结出月末余额。年终结账时，为了总括反映全年各项资金运动情况的全貌，核对账目，要将所有总账账户结出全年发生额和年末余额，在摘要栏内注明"本年合计"字样，并在合计数下通栏划红双线。采用棋盘式总账和科目汇总表代替总账的企事业单位，年终结账，应当汇编一张全年合计的科目汇总表和棋盘式总账。

（3）年度终了结账时，有余额的账户，要将其余额结转下一年度。结转的方法是，将有余额的账户的余额直接记入新账户的余额栏内，不需要编制记账凭证，也不必将余额再记入本年账户的借方或者贷方，使本年有余额的账户的余额变为零。因为，既然年末是有余额的账户，其余额应当如实地在账户中加以反映，否则，容易混淆有余额的账户和没有余额账户的区别。

（四）错账更正规范

会计账簿发生错误时，应当按照规定的更正方法进行更正，更正方法一般有划线更正法、补充登记法、红字更正法三种方法。

1. 在结账以前，如果发现会计账簿记录有文字或数字错误，而记账凭证没有错误，可采用划线更正法。采用划线更正法更正错误时，先在错误的数字或文字上划一条红线以示注销，但所划线条必须使原有字迹仍可辨认，然后在错误数字或文字上方空白处填写正确的数字或文字，并由记账人员和会计机构负责人（会计主管人员）在更正处盖章以示负责。对于文字错误，可只划去错误的部分文字并进行更正；对于数字错误必须全部划掉，不能只划销单个错误数字。

2. 如果发现记账错误是由记账凭证所列金额小于应记金额而引起的，但记账凭证中所列会计科目及其对应关系均正确，在此情况下，可以采用补充登记法更正记账错误。更正时，按照应记金额与错误数额的差额，用蓝字编制一张记账凭证补充登记。更正的记账凭证应由会计人员和会计机构负责人（会计主管人员）盖章。

3. 如果在记账以后发现记账错误是由于记账凭证所列会计科目有错误或金额多记引起的，可采用红字更正法。红字更正法，一般适用于以下两种情况：

（1）在记账后发现记账凭证中的应借、应贷的会计科目有错误，可用红字更正法予以更正。更正的方法是，先用红字填制一张与原错误记账凭证完全相同的记账凭证，在摘要栏内注明"冲销某月某日第某号记账凭证的错账"，并据此用红字登记入账，以冲销原有的错误记录；然后用蓝字填制一张正确的记账凭证，在摘要栏内注明"补充某月某日账"，并据此登记入账。

（2）在记账以后，发现记账凭证和账簿中所记金额大于应记金额，而应借、应贷的会计科目无并错误，也应采用红字更正法。更正的方法是，用红字按多记的金额填制一张应借、应贷会计科目与原错误记账凭证相同的记账凭证，在摘要栏内注明"冲销某月某日第某号记账凭证多记金额"，并据此用红字登记入账，以冲销多记的金额。更正的记账凭证应由会计人员和会计机构负责人（会计主管人员）盖章。

四、财务报告编制规范

（一）财务报告的组成

根据《会计法》的规定，财务会计报告由会计报表、会计报表附注和财务情况说明书组成。

1. 会计报表。会计报表是财务会计报告的主要组成部分。它是根据会计账簿记录和有关资料，按照规定的报表格式，总括反映一定期间的经济活动和财务收支情况及其结果的一种报告文件。公司、企业的会计报表主要包括资产负债表、利润表、现金流量表及有关附表。

2. 会计报表附注。会计报表附注是对会计报表的补充说明，也是财务会计报告的重要组成部分。会计报表附注主要包括两项内容：一是对会计报表各要素的补充说明；二是对那些会计报表中无法描述的其他财务信息的补充说明。以公司、企业为例，会计报表附注的内容一般包括：会计报表各项目的增减变动情况；公司、企业所采用的基本会计假设；公司、企业所采用的主要会计政策、会计估计及其变更；关联方关系及其交易；或有事项和资产负债表日后事项；其他重大事项等。

3. 财务情况说明书。财务情况说明书是对单位一定会计期间内财务、成本等情况进行分析总结的书面文字报告，也是财务会计报告的重要组成部分。公司、企业的财务情况说明书的内容一般包括：公司、企业生产经营状况；税金缴纳情况；各种财产物资变动情况；其他需要说明的事项。

（二）财务报告的编制要求

根据《会计法》规定，会计报告编报的基本要求是数字真实、计算准确、内容完整、报送及时。

财务会计报告编报的具体要求是：

1. 关于编制依据的要求。编制财务会计报告，必须根据经过审核无误的会计账簿记录和有关资料进行，做到数字真实、计算准确、内容完整、说明清楚，任何人不得篡改或者授意、指使、强令他人篡改财务会计报告的有关数字。

2. 关于编制格式的要求。编制财务会计报告，应当根据国家统一的会计制度规定的格式和要求进行，认真编写会计报表附注及其说明，做到项目齐全、内容完整。

3. 关于编制标准一致的要求。单位向不同的会计资料使用者提供的财务会计报告，其编制的依据应当一致。根据《会计基础工作规范》第六十八条的规定，会计报表之间、会计报表各项目之间，凡有对应关系的数字，应当相互一致；本期会计报表与上期会计报表之间的有关数字应当相互衔接；如果不同会计年度会计报表中各项目的内容和核算方法有变更的，应当在年度会计报表中加以说明。

（三）编制会计报表前的准备工作

在编制会计报表前的准备阶段，主要进行以下工作：

1. 检查当期业务是否全部入账。认真检查当期发生的各项经济业务是否已全部填制记账凭证，并据以登记与业务相关的总分类账、明细分类账和日记账。检查时尤其应注意，有无将当期经济业务推移至下期入账或下期经济业务提前至当期入账的情况，如有上述情况，应于结账前分别进行相应处理。

2. 根据权责发生制原则整理（调整）账簿记录。在实行权责发生制的单位，应按照当期发生的权利和义务计算收入与支出的要求，确定当期的经营成果；需要编制调整分录，据以调整账簿记录。调整记录包括应计账项调整和期末账项结转。其中，应计账项调整有：按工资总额规定比例提取应付职工薪酬、工会经费；按规定比例提取机器设备的折旧费；预提当月应负担银行借款利息；计算当期应交税费等事项。期末账项结转有：将当期的全部销售收入、营业外收入结转至本年利润账户；将与收入对应的销售成本、销售税金、销售费用、营业外支出同时结转至本年利润账户；将已发放工资分配计入各有关账户；汇总结转当期的材料消耗，确定期末库存材料成本；汇集间接费用，将其分配结转至生产成本账户；计算完工产品成本，结转到产成品账户；计算销售成本，结转至销售成本账户等事项。

3. 核对账簿记录保证账账相符。会计报表主要依据账簿资料所编制，为保证报表指标的正确无误，必须在编表前检查账簿记录的正确性。核对账目包括内部核对和外部核对两方面内容。内部核对要将总账账户的借方余额合计与贷方余额合计相核对。外部核对以往来款项为对象，如与国家税务部门之间应交、已交税款的核对，与银行之间借款、还款的核对等。通过账目的内部核对和外部核对，保证账账相符，为编制会计报表准备前提条件。

4. 清查财产保证账实相符。为保证会计报表指标的真实可信，还要求账簿所记录的各项财产结存情况应与实际结存情况保持一致，因此，要进行账实核对，以确保账实相符。在编制会计报表前，按照有关规定应对全部财产进行财产清查。对于清查中出现的盘盈、盘亏和损失等情况，应编制相应的会计分录，并据以登记入账，使各项财产的账面记录结存数与实际结存数保持一致，为编制会计报表奠定客观基础。

5、结束当期账簿记录。在确认当期发生的经济业务、调整账项及有关转账业务已全部登记入账后，分别结计总分类账、日记账、明细分类账和明细账各账户的当期发生额和余额，结束本期账簿记录。企事业单位不得在办理结账手续前编制会计报表，也不得为赶编会计报表而提前结账。

（四）编制会计报表的一般方法

1. 资产负债表的编制。资产负债表包括表首、正表、附表及附注等内容。表首说明企业的名称、报表名称、编制报表的日期、计量单位。补充资料、附注和附列资料的数据应根据有关账户及备查簿的记录分析填列，必要时加以文字解释和说明。

资产负债表"年初数"栏内各项数字，应根据上年末资产负债表"期末数"栏内所列数字填列。资产负债表"期末数"栏内各项数字，应根据会计账簿记录填列。大多数报表项目可以直接根据账户余额填列，少数报表项目则要根据账户余额进行分析、计算后才能填列。

2. 利润表的编制。利润表是反映企业经营成果的动态报表，所以在编制时，应根据有关损益类账户的发生额填列。

（五）会计报表的审核、报送和保管规范

1. 会计报表的审核。为了保证会计报表正确无误，会计报表编制完成以后，必须对报表编制的完整性、合理性、正确性和真实性经过认真审核，才能上报。

会计报表审核的主要内容有：

（1）会计报表的种类是否按要求填制齐全，要求填列的项目是否全部填列。

（2）会计报表各项目数字是否正确，有关小计、合计、总计或差额计算是否正确；表内及表与表之间的勾稽关系是否正确。

（3）会计报表中需要加以说明的问题，是否有相应的文字说明，补充资料是否填列完整。

审核会计报表是一项细致工作，各企业单位应指派专人负责审核工作，以保证报表的质量符合要求。

2. 会计报表的报送和保管。会计报表审核无误后，应及时报送。对外报送的财务报告，应当依次编写页码，加具封面，装订成册，加盖公章。封面上应当注明：单位名称，单位地址，财产报告所属年度、季度、月度、送出日期，并由单位负责人和主管会计工作的负责人、会计机构负责人（会计主管人员）签名并盖章；设置总会计师的单位，还须由总会计师签名并盖章。会计报表编制完成并按时报送后，留存的报表也应按月装订成册。

会计报表的装订顺序是：

（1）会计报表封面。

（2）会计报表编制说明。

（3）各种会计报表按会计报表的编号顺序排列。

（4）会计报表封底。会计报表在会计部门保管一年，满一年后应开列清册，移交档案部门进行保管。若会计报表由会计部门负责归档保管的，应设专屋或专柜保管。

第三部分 DISANBUFEI

模拟企业资料

一、企业概况

1. 企业名称：利洛家具有限责任公司。
2. 设立时间：2012年1月1日。
3. 经营范围：主营各种木制家具的生产、销售。
4. 企业注册地：陕西省西安市长安路101号。
5. 企业电话：029－85222333。
6. 开户银行：中国银行西安长安路支行（710068，西安市南关正街3号）。行号：104791004502。
7. 基本存款账户账号：135790246800。
8. 企业性质：增值税一般纳税人。
9. 纳税人税务登记号：916101100200300。
10. 内部会计制度相关规定：
（1）企业执行现行《企业会计准则》。
（2）记账本位币为人民币。
11. 企业相关人员名单：
（1）法人代表：英洛。
（2）会计主管：刘明玉。
（3）会计：王源。
（4）出纳：张凯。
12. 工艺流程：根据制造企业生产特点，该厂设有切割、加工一车间、加工二车间三个基本生产车间和机修、供汽两个辅助生产车间，以及有关科室和党群行政部门。另外设有食堂、厂内职工超市等生活服务部门。

该厂先由切割车间根据生产任务和计划对各种木板进行切割，经检验合格后送交自制半成品仓库；加工一、二车间从仓库领用各种已经切割的木板，进行进一步的加工、油漆后，直接送交装配车间；装配车间将收到的各种加工后的半成品连同由仓库领来的外购件组装成各种产品，经检验合格后送交成品仓库。其工艺流程图（见图3-1）如下：

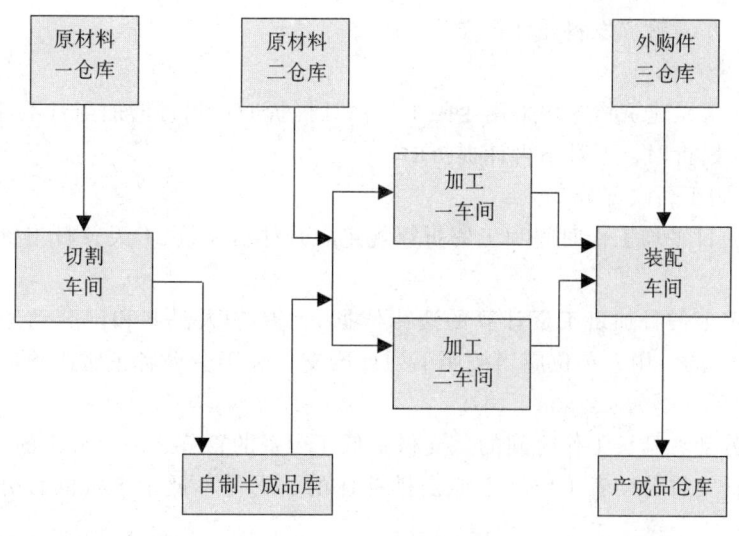

图 3-1 工艺流程图

13. 预留银行签章（见图 3-2）。

图 3-2 预留银行签章

二、企业会计核算规定及管理制度

（一）流动资产部分

1. 会计核算以人民币为记账本位币，采用借贷记账法记账。
2. 库存现金限额为 12 000 元。
3. 库存商品采用实际成本计价，发出时按先进先出法计价，销售商品月末一次结转销售成本。
4. 原材料采用实际成本计价，月内发出时仅登记数量，月末采用一次加权平均法计算发出材料单价，并编制"发料凭证汇总表"。

（二）固定资产部分

机器设备、房屋建筑物等均采用年限平均法计提折旧。当月增加当月不计提折旧，当月减少当月继续计提折旧，下月不再计提折旧。

（三）应付职工薪酬部分

1. 职工月、日平均工作时间和工资折算规定。月计薪天数21天，日工资为月"基本工资"除以21天。

2. 关于法定节假日加班工资计算的法律依据。《中华人民共和国劳动法》第四十四条"有下列情形之一的，用人单位应当按照下列标准支付高于劳动者正常工作时间工资的工资报酬：

（1）安排劳动者延长工作时间的，支付不低于工资的百分之一百五十的工资报酬。

（2）休息日安排劳动者工作又不能安排补休的，支付不低于工资的百分之二百的工资报酬。

（3）法定休假日安排劳动者工作的，支付不低于工资的百分之三百的工资报酬。"

法定休假日即是法定节假日。

3. 病假事假工资扣除比例。事假不发工资。病假分别按以下工作年限计算工资：

（1）连续工龄不满10年的，按本人工资的70%发给。

（2）连续工龄满10年不满20年的，按本人工资的80%发给。

（3）连续工龄满20年不满30年的，按本人工资的90%发给。

（4）连续工龄满30年及其以上的，按本人工资的95%发给。

4. 社会保险、住房公积金、工会经费、职工教育经费等提取支付比例：

（1）养老保险：单位承担20%，个人承担8%。

（2）失业保险：单位承担2%，个人承担1%。

（3）医疗保险：单位承担6%，个人承担2%。

（4）生育保险：单位承担1%，个人不承担。

（5）工伤保险：单位承担1%，个人不承担。

（6）住房公积金：单位承担10%，个人承担5%。

（7）福利费：福利费不超过工资薪金总额14%可税前扣除。

（8）职工教育经费：职工教育经费不超过工资薪金总额2.5%可税前扣除。

（9）工会经费：工会经费不超过工资薪金总额2%拨交基层工会组织，基层工会组织按省级工会规定比例逐级上缴。

（四）其他部分

1. 记账凭证采用现收、银收、现付、银付、转账五类并分别编号。

2. 公司采用记账凭证账务处理程序。

3. 企业涉及相关税务规定：所得税税率25%，增值税税率16%，城市维护建设税税率7%，教育费附加率3%，地方教育费附加率2%。企业每月根据月末会计利润总额计提当月应交所得税，不进行纳税调整，次月15日前申报缴纳该月所得税及其他税项，年末进行所得税汇算清缴。

4. 差旅费相关规定：按实际出差天数每天补助100元，当无住宿票时，只补助出行和归来 2 天；住宿费标准为每天不超过 500 元据实报销；市内交通补贴按实际出差天数每天补贴 20 元；长途客车、火车、轮船飞机等票实报实销；伙食补贴按实际出差天数每天补贴 80 元。

5. 会计核算保留两位小数。

三、模拟会计期间期初余额

利洛家具有限责任公司为增值税一般纳税人，2020 年 8 月 1 日有关账户期初余额如下：

1. 总账账户期初余额如表 3-1 所示。

表 3-1 （单位：元）

账户	借方期初余额	账户	贷方期初余额
库存现金	8 021.46	短期借款	300 000.00
银行存款	44 072 638.00	应付账款	9 750.00
其他货币资金	600 000.00	其他应付款	2 828.00
交易性金融资产	500 000.00	应付职工薪酬	847 248.01
应收票据	92 800.00	应交税费	1 029 382.00
应收账款	39 440.00	应付利息	19 200.00
预付账款	80 000.00	长期借款	3 000 000.00
原材料	125 000.00	实收资本	12 000 000.00
库存商品	4 700 000.00	盈余公积	9 163 110.00
生产成本	907 533.54	未分配利润	45 809 894.99
长期股权投资	100 000.00	本年利润	5 853 420.00
固定资产	12 430 000.00		
累计折旧	-2 661 200.00		
在建工程	600 000.00		
无形资产	18 800 000.00		
累计摊销	-2 359 400.00		
合计	78 034 833.00	合计	78 034 833.00

2. 原材料明细分类账期初余额如表 3-2 所示。

表 3-2 （单位：元）

材料类别	材料名称	计量单位	实际单价	结存数量	余额
原材料及主要材料	橡木板	吨	300	30	9 000
	松木板	吨	250	20	5 000
	小计				14 000
辅助材料	油漆	斤	30	300	9 000
	螺丝	斤	50	60	3 000
	小计				12 000

续表

材料类别	材料名称	计量单位	实际单价	结存数量	余额
外购半成品	镜子	平方米	125	600	75 000
	玻璃	平方米	80	300	24 000
	小计				99 000

3. 库存商品明细分类账期初余额如表 3-3 所示。

表 3-3 (单位：元)

产品名称	计量单位	数量	单位成本	总成本余额
橱柜	套	600	5 500	3 300 000
衣柜	套	400	3 500	1 400 000
小计				4 700 000

4. 应付职工薪酬明细分类账期初余额如表 3-4 所示。

表 3-4 (单位：元)

明细分类账户	余额
工资	446 501.00
社会保险费	220 545.33
住房公积金	80 687.32
职工福利费	75 308.16
工会经费	10 758.31
职工教育经费	13 447.89
合计	847 248.01

5. 应交税费明细分类账期初余额如表 3-5 所示。

表 3-5 (单位：元)

明细分类账户	余额
应交增值税	555 123.00
应交企业所得税	263 172.45
应交个人所得税	2 520.00
应交城市维护建设税	38 858.61
应交教育费附加	16 653.69
应交地方教育费附加	11 102.46
合计	954 044.97

6. 应收账款明细分类账期初余额如表 3-6 所示。

表 3-6 (单位:元)

明细分类账户	余额
大明家居市场	39 440
合计	39 440

7. 应收票据明细分类账期初余额如表 3-7 所示。

表 3-7 (单位:元)

明细分类账户	余额
大明家居市场	92 800
合计	92 800

8. 应付账款明细分类账期初余额如表 3-8 所示。

表 3-8 (单位:元)

明细分类账户	余额
秦岭材料厂	9 750
合计	9 750

9. 其他应付款明细分类账期初余额如表 3-9 所示。

表 3-9 (单位:元)

明细分类账户	余额
员工水电费	2 828
合计	2 828

10. 生产成本明细分类账期初余额如表 3-10 所示。

表 3-10 (单位:元)

	直接材料	直接人工	制造费用	合计
生产成本——橱柜	37 252.00	69 163.06	243 788.23	350 203.29
生产成本——衣柜	103 935.00	250 579.20	202 816.05	557 330.25
合计	141 187.00	319 742.26	446 604.28	907 533.54

四、模拟企业实训具体要求

1. 根据上述 2020 年 8 月 1 日的期初资料建账,其中:
(1) 各总分类账户,采用三栏式总账。
(2) "库存现金"、"银行存款"开设日记账。
(3) "应付职工薪酬"、"应收账款"、"应付账款"等债权债务各明细账户,采用三栏式明细账。

（4）"原材料"、"库存商品"各明细账户，采用数量金额式明细账。

（5）"生产成本"各明细账户，采用多栏式明细账。

（6）"应交税费——应交增值税"明细账户，采用应交增值税专用账页。

（7）"在途物资"、"应收票据"、"其他应收款"明细账户，采用横线登记式明细账。

2. 根据第四部分内容，填制2020年8月各项经济业务的原始凭证和记账凭证。

3. 根据记账凭证及其所附的原始凭证登记日记账。

4. 根据记账凭证及其所附的原始凭证登记明细分类账。

5. 根据记账凭证登记总分类账。

6. 编制总分类账户本期发生额及余额试算平衡表。

7. 期末结出各总分类账户和明细分类账户的发生额及余额。

8. 编制资产负债表及利润表。

9. 整理原始凭证、记账凭证及凭证汇总表，将其装订成册。

10. 整理总账、明细账及日记账，将其装订成册。

第四部分 DISIBUFEN

模拟企业有关经济业务

一、2020 年 8 月利洛家具有限责任公司有关经济业务

利洛家具有限责任公司 2020 年 8 月发生以下经济业务，请根据上述实训具体要求，完成以下经济业务的处理：

1. 2020 年 8 月 1 日，向银行借款，款项已存入账户。

表 4-1 1/2

中国银行 借款凭证（回单）

单位编号：　　　　　　日期：2020 年 8 月 1 日　　　　　银行编号：0110

借款人	名　称	利洛家具有限责任公司	收款人	名　称	利洛家具有限责任公司
	账　号	135790246800		往来账号	135790246800
	开户银行	中行西安长安路支行		开户银行	中行西安长安路支行

借款期限（最后还款日）	2021 年 4 月 30 日	借款计划指标	
借款申请金额	人民币(大写)：伍拾万元整	千百十万百十元角分	￥5 0 0 0 0 0 0 0
借款原因及用途	生产经营使用	银行核对金额	￥5 0 0 0 0 0 0 0

期限	计划还款日期	√	计划还款金额	分次还款记录	期次	还款日期	还款金额	结欠
1	2021 年 4 月 30 日		￥500 000.00					
2								
3								
4								

备注：月利率 4‰，期限 9 个月

上述借款业已同意贷给并转入你单位往来账户，借款到期时应按期归还　此致

借款单位

（银行盖章）

中国银行西安长安路支行
财务专用章
2020 年 8 月 1 日

表 4-1 2/2

2. 2020 年 8 月 2 日，开出现金支票提取现金，用于日常零星开支。

表 4-2

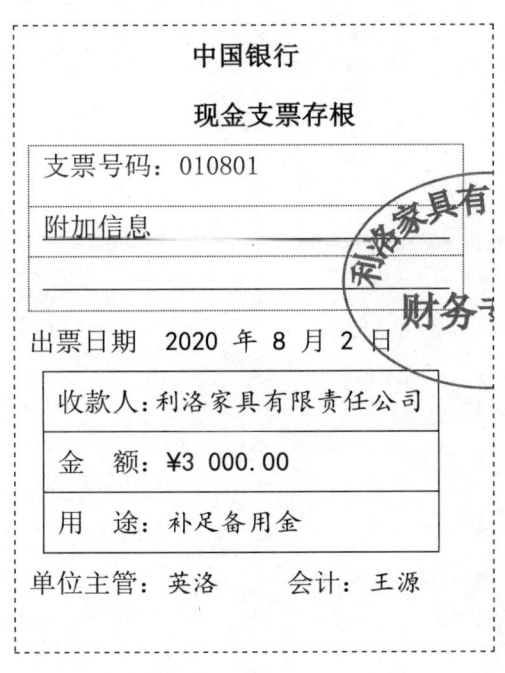

3. 2020年8月2日，收到大明家居市场前欠货款，款项已存入银行。

表 4 - 3

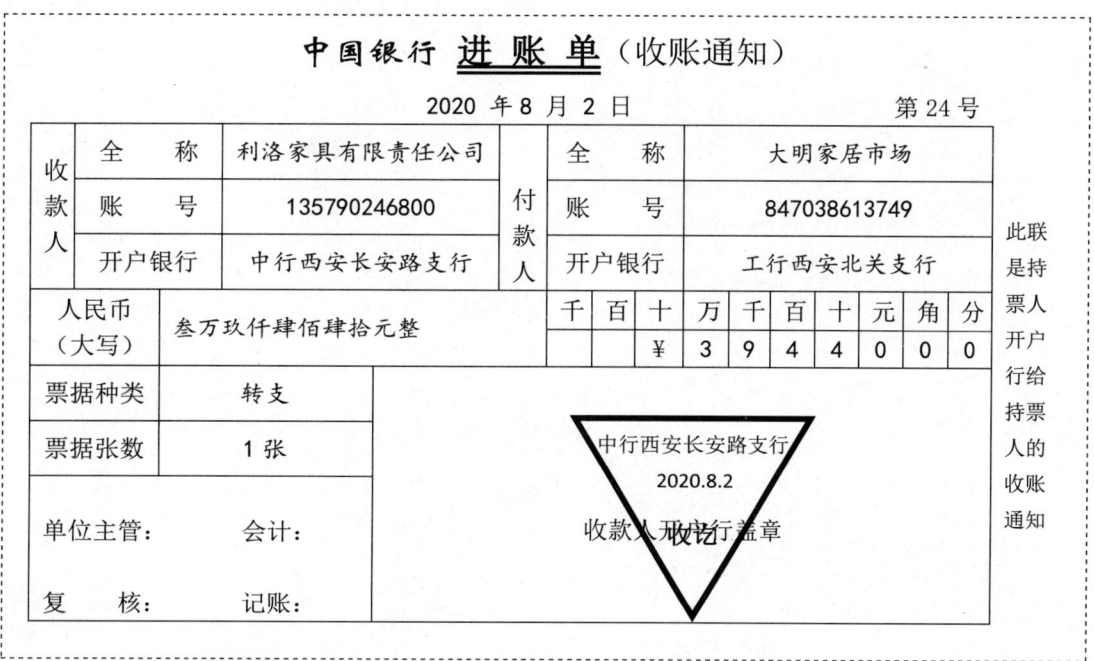

4. 2020年8月3日，支付上月职工工资。

表 4 - 4 1/2

表 4-4 2/2

利洛家具有限责任公司工资结算汇总表

2020 年 7 月 31 日

单位：元

部门	类型	类别	职工人数	基本工资	津贴和补贴		加班工资	应扣工资		应付工资	代扣款项					小计	实发金额
					物价补贴	夜班津贴		病假	事假		养老金 8%	失业金 1%	医疗保险 2%	住房公积金 5%	水电费	个人所得税		
加工一车间	生产工人		20	37 750.00	4 400.00	1 700.00	1 486.00	0.00	0.00	43 636.00	3 490.88	436.36	872.72	2 181.80	200.00	0.00	7 181.76	36 454.24
	管理人员		13	28 310.00	2 520.00	0.00	2 435.00	200.00	100.00	32 965.00	2 637.20	329.65	659.30	1 648.25	288.00	0.00	5 562.40	27 402.60
加工二车间	生产工人		86	138 490.00	18 920.00	3 560.00	684.14	0.00	0.00	158 094.14	12 647.53	1 580.94	3 161.88	7 904.71	289.00	0.00	25 584.06	132 510.08
	管理人员		4	9 012.00	880.00	0.00	202.30	0.00	0.00	10 094.30	807.54	100.94	201.89	504.72	290.00	0.00	1 905.09	8 189.21
切割车间	生产工人		18	28 920.00	3 960.00	1 100.00	0.00	0.00	0.00	32 880.00	2 630.40	328.80	657.60	1 644.00	291.00	260.00	5 811.80	27 068.20
	管理人员		2	4 400.00	440.00	0.00	0.00	0.00	0.00	4 840.00	387.20	48.40	96.80	242.00	292.00	0.00	1 066.40	3 773.60
装配车间	生产工人		29	40 200.00	6 380.00	1 350.00	513.00	76.97	0.00	47 016.03	3 761.28	470.16	940.32	2 350.80	293.00	0.00	7 815.56	39 200.47
	管理人员		3	5 910.00	660.00	0.00	0.00	0.00	0.00	6 570.00	525.60	65.70	131.40	328.50	294.00	0.00	1 345.20	5 224.80
行政管理人员			66	130 900.00	14 520.00	0.00	0.00	0.00	0.00	145 420.00	11 633.60	1 454.20	2 908.40	7 271.00	295.00	0.00	23 562.20	121 857.80
销售人员			20	52 000.00	4 400.00	12 000.00	0.00	0.00	0.00	56 400.00	4 512.00	564.00	1 128.00	2 820.00	296.00	2 260.00	11 580.00	44 820.00
合计			261	475 892.00	57 080.00	19 710.00	5 320.44	276.97	100.00	537 915.47	43 033.23	5 379.15	10 758.31	26 895.78	2 828.00	2 520.00	91 414.47	446 501.00

劳动人事部主管审核签字：王亮　　部门主管：李军　　工资核算员：王岚　　复核：李源　　编报日期：2020 年 7 月 31 日

5. 2020年8月3日，支付上月社会保险费、住房公积金、工会经费、职工福利费、工会经费（企业、个人负担部分均通过"应付职工薪酬"核算）。

表4-5 1/8

利洛家具有限责任公司计提职工福利费、工会经费、职工教育经费、社会保险费计提计算表

2020年7月31日

单位：元

人员类别	基数	职工福利费（14%）	社会保险					小计	住房公积金（10%）	工会经费（2%）	职工教育费（2.5%）	合计
			养老保险费（20%）	失业保险费（2%）	医疗保险费（6%）	生育保险费（1%）	工伤保险费（1%）					
生产成本												
橱柜	43 636.00	6 109.04	8 727.20	872.72	2 618.16	436.36	436.36	13 090.80	4 363.60	872.72	1 090.90	25 527.06
衣柜	158 094.14	22 133.18	31 618.83	3 161.88	9 485.65	1 580.94	1 580.94	47 428.24	15 809.41	3 161.88	3 952.35	92 485.06
制造费用												0.00
加工一车间	32 965.00	4 615.10	6 593.00	659.30	1 977.90	329.65	329.65	9 889.50	3 296.50	659.30	824.13	19 284.53
加工二车间	10 094.30	1 413.20	2 018.86	201.89	605.66	100.94	100.94	3 028.29	1 009.43	201.89	252.36	5 905.17
切割车间	37 720.00	5 280.80	7 544.00	754.40	2 263.20	377.20	377.20	11 316.00	3 772.00	754.40	943.00	22 066.20
装配车间	53 586.03	7 502.04	10 717.21	1 071.72	3 215.16	535.86	535.86	16 075.81	5 358.60	1 071.72	1 339.65	31 347.82
管理费用	145 420.00	20 358.80	29 084.00	2 908.40	8 725.20	1 454.20	1 454.20	43 626.00	14 542.00	2 908.40	3 635.50	85 070.70
销售费用	56 400.00	7 896.00	11 280.00	1 128.00	3 384.00	564.00	564.00	16 920.00	5 640.00	1 128.00	1 410.00	32 994.00
合 计	537 915.47	75 308.16	107 583.10	10 758.31	32 274.93	5 379.15	5 379.15	161 374.64	53 791.54	10 758.31	13 447.89	314 680.54

工资核算员：王岚　　复核：李源　　编报日期：2020年8月31日

注：本表供学生熟悉应付职工薪酬组成来源的项目，如：养老保险是由企业和职工共同承担费用。
以下七张完税凭证作为缴纳社会保险费、住房公积金、工会经费的原始凭证。

中华人民共和国税收通用缴款书

表 4-5 2/8

隶属关系：市属企业
注册类型：有限责任公司
填发日期：2020年8月3日

陕西省税务局缴电 1026203 号
征收机关：西安市税务分局

缴款单位(人)	代码	916101100200300	预算科目	编码	
	全称	利洛家具有限责任公司		名称	西安市税务分局社保基金临时专户
	开户银行	中行西安长安路支行		级次	西安市养老保险经办处
	账号	13579024 6800		收缴国库	建行碑林行

税款所属时期 2020年7月1日至7月31日 　　税款限缴日期 2020年8月20日

品目名称	课税数量	计税金额或销售收入	税率或单税额	已缴或扣除额	抵扣额	实缴金额
费用名称	数量	缴费基数	缴费率			实缴金额
单位养老保险费	261	537 915.4	20%	0		107 583.10
个人养老保险费	261	537 915.47	8%	0		43 033.23
金额合计（大写）	人民币壹拾伍万零陆佰壹拾元陆角叁分					¥150 616.33

缴款单位(人) (盖章)	税务机关 (盖章) 填票人	国库（银行）盖章 上列款项已收妥并划转收款单位账户 国库（银行）盖章 2020年8月3日	第一联 收据 国库（银行）收款盖章后退缴款单位(人)作完税凭证
		开票人：张双双	
		专管员：李密	
		缴费人理代码：200300	
		社保编码：372819	

逾期不缴按税法规定加收滞纳金

无银行收讫章无效

表 4-5 3/8

中华人民共和国税收通用缴款书

隶属关系：市属企业
注册类型：有限责任公司
填发日期：2020 年 8 月 3 日
陕西省税务局缴电 1026204 号
征收机关：西安市税务分局

缴款单位（人）	代码	9161010200300	预算科目	编码	
	全称	利洛家具有限责任公司		名称	西安市税务分局社保基金临时专户
	开户银行	中行西安长安路支行		级次	西安市养老保险经办处
	账号	13579024680		收缴国库	建行碑林行

税款所属时期 2020 年 7 月 1 日至 7 月 31 日　　税款限缴日期 2020 年 8 月 20 日

品目名称	课税数量	计税金额或销售收入	税率或单位税额	缴费率	已缴或扣除额	抵扣额	实缴金额
单位失业保险费	人数 261	537 915.47	2%		0		实缴金额
个人失业保险费	261	537 915.47		1	0		10 758.31
							5 379.15
金额合计（人）	（大写）人民币壹万陆仟壹佰叁拾柒元肆角陆分						¥16 137.46

缴款单位（人）　利洛家具有限责任公司（盖章）　经办人（财务专用章）

税务机关　西安市税务分局（盖章）　填票人（征税专用章）

上列款项已收妥并转收款单位账户　　　国库（银行）盖章 2020 年 8 月 3 日

备注　开票人：张双双　专管员：李密　缴费人管理代码：200300　社保编码：372819

逾期不缴按税法规定加收滞纳金

第一联（收据）国库（银行）收款盖章后退缴款单位（人）作完税凭证

无银行收讫章无效

表 4-5 4/8

中华人民共和国税收通用缴款书

隶属关系：市属企业
注册类型：有限责任公司

陕西省税务局缴电 1026205 号
征收机关：西安市税务分局
填发日期：2020 年 8 月 3 日

缴款单位(人)	代 码	91610110020030
	全 称	利洛家具有限责任公司
	开户银行	中行西安长安路支行
	账 号	13579024680

预算科目	编码		
	名称	西安市税务分局社保基金临时专户	收缴国库
	级次	西安市养老保险经办处	

税款所属时期 2020 年 7 月 1 日 至 7 月 31 日

品 目 名称	课税数量	计税金额或销售收入	税率或单位税额	已缴或扣除额	实缴金额
费用名称	人数	缴费基数	缴费费率	振扣额	实缴金额
单位医疗保险费	261	537 915.47	6%	0	32 274.93
个人医疗保险费	261	53 795.47	2%	0	10 758.31
金额合计					¥43 033.24

(大写) 人民币肆万叁仟零叁拾叁元贰角肆分

征收机关（盖章） 税务专用章
填票人：

缴款单位（人）（盖章） 财务专用章 家具有限责任公司

建行碑林行
税款限缴日期 2020 年 8 月 20 日

上列款项已收妥并划转收款单位账户
国库（银行）盖章 2020 年 8 月 3 日
逾期不缴税按税法规定加收滞纳金

开票人：张双双
专管员：李密
缴费人管理代码：200300
社保编码：372819

备注

第一联 （收据）国库（银行）收款盖章后退缴款单位（人）作完税凭证

无银行收讫章无效

表 4-5 5/8

中华人民共和国税收通用缴款书

第一联（收据）国库（银行）收款盖章后退缴款单位（人）作完税凭证

填发日期：2020 年 8 月 3 日

陕西省税务局缴电 1026206 号
征收机关：西安市税务分局

隶属关系：市属企业
注册类型：有限责任公司

缴款单位（人）	代码	91610110020200300		预算科目	编码	
	全称	利洛家具有限责任公司			名称	西安市税务分局社保基金临时专户
	开户银行	中行西安长安路支行			级次	西安市养老保险经办处
	账号	3579024 6800		收缴国库		建行碑林行
税款所属时期 2020 年 7 月 1 日至 7 月 31 日					税款限缴日期 2020 年 8 月 20 日	
品目名称	课税数量	计税金额或销售收入	税率或单位税额	已缴或扣除额	实缴金额	
费用名称	人数	缴费基数	缴费率	抵扣额	实缴金额	
单位生育保险费	261	537 915.47	1%	0	5 379.15	
金额合计（大写）人民币伍仟叁佰柒拾玖元壹角伍分					¥5 379.15	

缴款单位（人）   税务机关   填票人   上列款项已收妥并划转收款单位账户
（盖章）   （盖章）   国库（银行）盖章 2020 年 8 月 3 日

备注
开票人：张双双   专管员：李密
缴费人管理代码：200300
社保编码：372819

逾期不缴按税法规定加收滞纳金

无银行收讫章无效

39

表4-5 6/8

中华人民共和国
税收通用缴款书

隶属关系：市属企业
注册类型：有限责任公司
陕西省税务局缴电 1026207 号
征收机关：西安市税务分局
填发日期：2020年8月3日
第一联（收据）国库（银行）收款盖章后退缴款单位（人）作完税凭证

缴款单位（人）	代码	91610110200300		预算科目	编码	
	全称	利洛家具有限责任公司			名称	西安市税务分局社保基金临时专户
	开户银行	中行西安长安路支行			级次	西安市养老保险经办处
	账号	13579024 6800		收缴国库		建行碑林行

税款所属时期 2020年7月1日至7月31日	税款限缴日期 2020年8月20日				
品目名称	课税数量	计税金额或销售收入	税率或单位税额	已缴或扣除额	实缴金额
费用名称	人数	缴费基数	缴费率	抵扣额	实缴金额
单位工伤保险费	261	537 915.47	1%	0	5 379.15
金额合计	(大写)人民币伍仟叁佰柒拾玖元壹角伍分				¥5 379.15

缴款单位（人）
税务机关（盖章）
国库（银行）盖章 2020年8月3日
上列款项已收妥并划转收款单位账户
逾期不缴按税法规定加收滞纳金

备注：开票人：张双双　专管员：李密　缴费人管理代码：200300　社保编码：372819

无银行收讫章无效

中华人民共和国税收通用缴款书

表 4-5 7/8

陕西省税务局缴电 1026208 号

征收机关：西安市税务分局

填发日期：2020 年 8 月 3 日

隶属关系：市属企业

注册类型：有限责任公司

缴款单位（人）	代码	91610110020300
	全称	利洛家具有限责任公司
	开户银行	中行西安长安路支行
	账号	13579024800

预算科目	编码	
	名称	西安市税务分局社保基金临时专户
	级次	西安市养老保险经办处
收缴国库		建行碑林行

税款所属时期 2020 年 7 月 1 日至 7 月 31 日

品目名称	课税数量	计税金额或销售收入	税率或单位税额	已缴或扣除额	实缴金额
		缴费基数	缴费率	抵扣额	
单位住房公积金	261	537 915.47	10%	0	53 791.54
个人住房公积金	61	537 915.47	5%	0	26 895.78
金额合计	（大写）人民币捌万零陆佰捌拾柒元叁角贰分				¥80 687.32

税款限缴日期 2020 年 8 月 20 日

缴款单位（人）（盖章）

税务机关（盖章） 填票人

上列款项已收妥并划收款单位账户

国库（银行）盖章 2020 年 8 月 3 日

逾期不缴税按税法规定加收滞纳金

备注：开票人：张双双 专管员：李密 缴费人管理代码：200300 社保编码：372819

征税专用章

利洛家具有限责任公司财务专用章

第一联（收据）国库（银行）收款盖章后退缴款单位（人）作完税凭证

表 4-5 8/8

中华人民共和国
税收通用缴款书

隶属关系：市属企业　　　　　　　　　　　　　　　　　　　　　　　　　　　　　陕西省税务局缴电 1026209 号
注册类型：有限责任公司　　　　　　　填发日期：2020 年 8 月 3 日　　　　征收机关：西安市税务分局

缴款单位（人）	代 码	91610110020030		预算科目	编码	
	全 称	利洛家具有限责任公司			名称	西安市税务分局社保基金临时专户
	开户银行	中行西安长安路支行			级次	西安市养老保险经办处
	账 号	13579024680			收缴国库	建行啤林行

品 目	税款所属时期 2020 年 7 月 1 日至 7 月 31 日	税率或单位税额	已缴或抵扣额	税款限缴日期 2020 年 8 月 20 日
名 称	计税金额或销售额			实缴金额
费用名称	数量	缴费基数	缴费率	扣抵额	实缴金额
单位工会经费	261	537 915.47	0.8%	0	4 303.32
金额合计（大写）人民币叁仟叁佰零叁元叁角贰分				￥4 303.32

缴款单位（人）	税务机关	备 注
利洛家具有限责任公司 财务专用章	西安市税务分局 征税专用章	上列款项已收妥并划转收单位账户 国库（银行）盖章 2020 年 8 月 3 日 开票人：张双双　专管员：李密 缴费人管理代码：200300 社保编码：372819

无银行收讫章无效

注：工会经费按提取的工会经费总额 40% 上缴市工会，即：工资总额×2%×40%=工资总额×0.8%。
逾期不缴按税法规定加收滞纳金。

45

6. 2020 年 8 月 4 日，设立投资专户，存入投资款。

表 4-6

中国银行 进 账 单（受理证明）1

2020 年 8 月 4 日　　　　　　　　　　　　　　　　第 29 号

收款人	全 称	利洛家具有限责任公司（投资专户）	付款人	全 称	利洛家具有限责任公司	此联是收款人开户银行给收款人的回单
	账 号	1357924680-1234		账 号	135790246800	
	开户银行	西安工商银行证券部		开户银行	中行西安长安路支行	

人民币（大写）	壹佰万元整	千	百	十	万	千	百	十	元	角	分
	¥	1	0	0	0	0	0	0	0	0	0

票据种类	转 支票
票据张数	1

中行西安长安路支行
2020.8.4
收款单位开户行盖章

单位主管　　　会计
复核　　　　　记账

7. 2020 年 8 月 5 日，购买三年期国债，作为以摊余成本计量的金融资产。

表 4-7

5/8/2020	成交过户交割凭单		买	
股东编号：	A225 033 668	成交证券：	国债	②通知联
电脑编号：	576 447	成交数量：	3 000（张）	
公司代号：	468	成交价格：	100.00	
申请编号：	126	成交金额：	300 000.00	
申报时间：	11:12:42	标准佣金：	0.00	
成交时间：	11:28:28	过户费用：	0.00	
上次余额：	0（股）	印花税：	0.00	
本次成交：	3 000（张）	应付金额：	300 000.00	
本次余额：	3 000（张）	附加费用：	0.00	
本次库存：	3 000（张）	实付金额：	300 000.00	
经办单位：			客户签章：刘夏	

注：企业购入凭证式三年国债，国债期限三年，作为以摊余成本计量的金融资产（国债面值:100 元；发行价格:100 元；计息方式:固定利率；票面年利率:8.4%）

8. 2020年8月5日，银行转来上月增值税、企业所得税、个人所得税、城市维护建设税、教育费附加及地方教育费附加扣税凭证。

表4-8 1/2

中国银行电子缴税付款凭证

扣款日期：2020年8月5日　　　清算日期：2020年8月5日　　　凭证序号：00063723

纳税人全称及纳税人识别号：利洛家具有限责任公司　916101100200300
付款人全称：利洛家具有限责任公司
付款入账号：135790246800　　　征收机关名称：西安市地方税务碑林区分局
付款人开户银行：中国银行西安长安路支行　收款国库：碑林区支库
小写（合计）金额：¥820 815.45　　　缴款书交易流水号：84739201
大写（合计）金额：捌拾贰万捌佰壹拾伍元肆角伍分　税票号码：20200805847390183

项目	所属期间	缴费合计	备注
增值税	20200701—20200731	¥555 123.00	
企业所得税	20200701—20200731	¥263 172.45	中国银行西安长安路支行 2020年8月5日 受理凭证专用章
个人所得税	20200701—20200731	¥2 520.00	

第 1 次打印　　　打印时间：2020-08-03　　10:32:09　　　财务日期：20200805

第二联：作付款回单（无银行办讫章无效）　　复核　　记账

表4-8 2/2

中国银行电子缴税付款凭证

扣款日期：2020年8月5日　　　清算日期：2020年8月5日　　　凭证序号：00063724

纳税人全称及纳税人识别号：利洛家具有限责任公司　916101100200300
付款人全称：利洛家具有限责任公司
付款入账号：135790246800　　　征收机关名称：西安市地方税务碑林区分局
付款人开户银行：中国银行西安长安路支行　收款国库：碑林区支库
小写（合计）金额：¥66 614.76　　　缴款书交易流水号：84739202
大写（合计）金额：陆万陆仟陆佰壹拾肆元柒角陆分　税票号码：20200805847390183

项目	所属期间	缴费合计	备注
城市建设维护税	20200701—20200731	¥38 858.61	
教育费附加	20200701—20200731	¥16 653.69	中国银行西安长安路支行 2020年8月5日 受理凭证专用章
地方教育费附加	20200701—20200731	¥11 102.46	

第 1 次打印　　　打印时间：2020-08-03　　10:37:09　　　财务日期：20200805

第二联：作付款回单（无银行办讫章无效）　　复核　　记账

9. 2020 年 8 月 5 日，发出材料。

表 4-9 1/3

发 料 单

2020 年 8 月 5 日

发料单位：切割车间
用　　途：生产预使用　　　　　　　　　　　　发料仓库：原材料一仓库

品名	单位	数量		单位成本	领料总成本	领料人
		请领	实领			
橡木板	吨	20	20			李千歌
松木板	吨	10	10			李千歌

车间审批：郭远行　　　　　　　　　　　　　　保管员：李江

此联由财务部门记账用

表 4-9 2/3

发 料 单

2020 年 8 月 5 日

发料单位：行政管理部门
用　　途：修理办公用具　　　　　　　　　　　发料仓库：外购件三仓库

品名	单位	数量		单位成本	领料总成本	领料人
		请领	实领			
油漆	斤	30	0			刘丽
螺丝	斤	5	5			刘丽

车间审批：郭远行　　　　　　　　　　　　　　保管员：李江

此联由财务部门记账用

表 4-9 3/3

发 料 单

2020 年 8 月 5 日

发料单位：销售部门
用　　途：修理办公用具　　　　　　　　　　发料仓库：外购件三仓库

品名	单位	数量 请领	数量 实领	单位成本	领料总成本	领料人
油漆	斤	20	20			李晓明
						李晓明

车间审批：郭远行　　　　　　　　　　　　　　保管员：李江

此联由财务部门记账用

10. 2020 年 8 月 6 日，偿还前欠秦岭材料厂材料款。

表 4-10

中国银行电汇凭证（回单）1

凭证号码　第 007901 号

委托日期 2020 年 8 月 6 日

汇款人	全称	利洛家具有限责任公司	收款人	全称	秦岭材料厂
	账号或地址	陕西西安 135790246800		账号或地址	陕西榆林 837049726820
	汇出地点	陕西省西安市	汇出行名称	中行西安长安路支行	汇入地点 陕西省榆林市　汇入行名称 工行榆林秦皇支行

金额	人民币(大写) 玖仟柒佰伍拾元整	千百十万千百十元角分 ￥975000

汇款用途：归还货款

中行西安长安路支行
2020.8.6
付讫
汇出行盖章
2020 年 8 月 6 日

上列款项已根据委托办理，如需查询，请持此回单来行面洽。

单位主管 英洛　会计 王源　出纳 张凯　记账 李干

11. 2020 年 8 月 8 日，预收大明家居市场销货款，款项已转入银行。

表 4-11 1/2

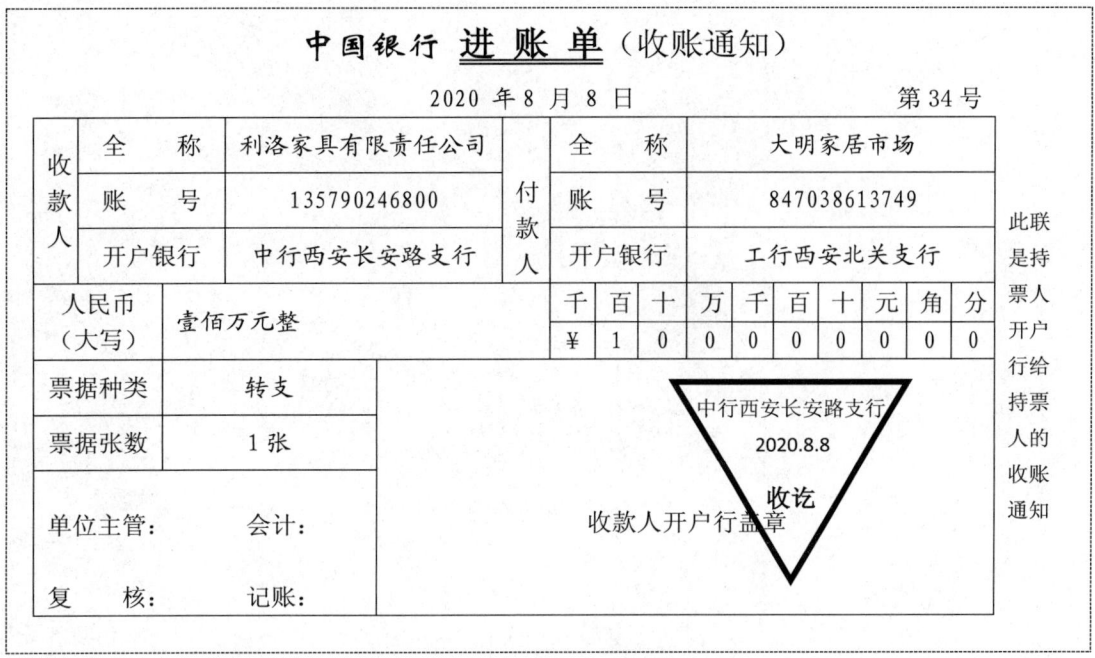

表 4-11 2/2

西安市企业统一收据

2020 年 8 月 8 日

交款单位：__大明家居市场__

人民币（大写）：__壹佰万元整__   ¥1 000 000.00

摘　要：__预收大明家居市场购货款__

现金	
支票	
转账	√

收款单位（盖章有效）：利洛家具有限责任公司 财务专用章

财务　王 源　经手人　张 凯

③ 记账联

12. 2020 年 8 月 8 日，购入长春电器股票 30 000 股，划分为以公允价值计量且其变动计入当期损益的金融资产。

表 4-12

8/8/2020	成交过户交割凭单		买	
股东编号：	A225 033 668	成交证券：	长春电器股票	②通知联
电脑编号：	673 984	成交数量：	30 000（股）	
公司代号：	468	成交价格：	3.00	
申请编号：	126	成交金额：	90 000.00	
申报时间：	9:32:42	标准佣金：	200.00	
成交时间：	12:26:38	过户费用：	0.00	
上次余额：	0（股）	印花税：	0.00	
本次成交：	30 000（股）	应付金额：	90 000.00	
本次余额：	30 000（股）	（含）应收股利：	0.00	
本次库存：	30 000（股）	实付金额：	90 200.00	
经办单位：			客户签章：刘夏	

13. 2020 年 8 月 9 日，将上月取得的大明家居市场开出的商业承兑汇票向银行贴现，月贴现率 5‰。

表 4-13

中国银行 **贴 现 凭 证**（收账通知） 4

申请日期 2020 年 8 月 9 日　　　　　　　　　　No 202008098

持票人	名称	利洛家具有限责任公	贴现汇票	种类	商业承兑汇票	号码	Sycd 9389	此联是银行该给贴现申请人的收账通知
	账号	135790246800		发票日	2020 年 7 月 9 日			
	开户银行	中行西安长安路支行		到期日	2020 年 10 月 9 日			
汇票承兑人（或银行）	名称	大明家居市场	账号	847038613749	开户银行	工行西安北关支行		
汇票金额（即贴现金额）	人民币（大写）：玖万贰仟捌佰元整　　￥ 9 2 8 0 0 0 0							
贴现率 每月 5‰	贴现利息 ￥ 4 6 4 0 0			实付贴现金额	￥ 9 2 3 3 6 0 0			
上述款项已入你单位账户 此致 中行西安长安路支行 银行盖章 2020.8.9 2020 年 8 月 9 日 收讫				备注：				

14. 2020年8月9日,销售橱柜,开出增值税专用发票,余款已经收到并转入银行。

表4-14 1/2

陕西省增值税专用发票

6100181130 No. 5310692581

此联不做报销、扣税凭证使用   开票日期：2020年8月9日

购货方	名称：大明家居市场							
	纳税人识别号：847629846103947							
	地址、电话：西安市北二环3号 029-87301298							
	开户行及账号：工行西安北关支行 847038613749							

货物或应税劳务服务名称	规格型号	单位	数量	单价	金额	税率	税额
橱柜		套	250	8 000	2 000 000	16%	320 000
合计					2 000 000		320 000

价税合计(大写) 人民币贰佰叁拾贰万元整   ¥2 320 000.00

销货方	名称：利洛家具有限责任公司
	纳税人识别号：916101100200300
	地址、电话：西安市长安路101号 029-85222333
	开户行及账号：中行西安长安路支行 135790246800

收款人：李如花   复核：贾如   开票人：李千   销售方(章)：

表4-14 2/2

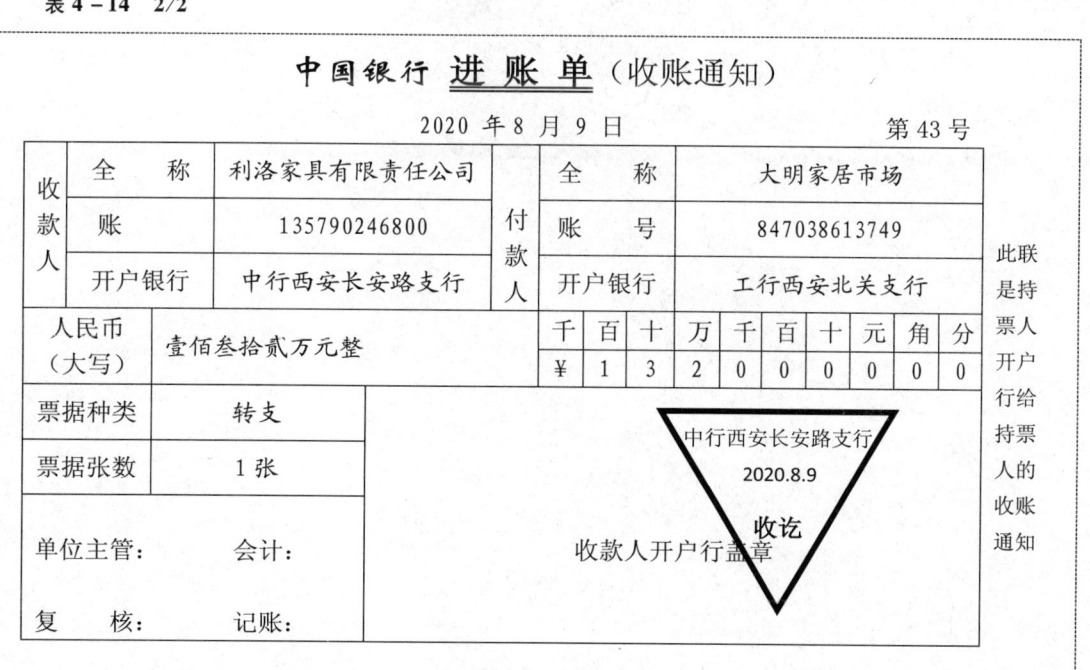

15. 2020年8月10日,购买材料一批,取得增值税专用发票,款项以转账支票支付。

表4-15 1/3

表4-15 2/3

表 4-15   3/3

收 料 单

收料仓库：原材料一仓库　　　2020 年 8 月 10 日　　　收料单编号：20200801

材料名	单位	数量		单价	材料金额	运杂费	合计（实际成本）	实际单价
		应收数	实收数					
橡木板	吨	10	10	320	3 200		3 200	320
合　　计					3 200		3 200	
供货单位	南山材料厂		结算办法		转账支票		合同号	20200833
备注								

主管：邓明　　　质量检验员：李欣　　　入库验收：李伟　　　仓库保管：大壮

16. 2020 年 8 月 10 日，接受股东富恒股份有限公司投资，投资款已转入银行。

表 4-16   1/2

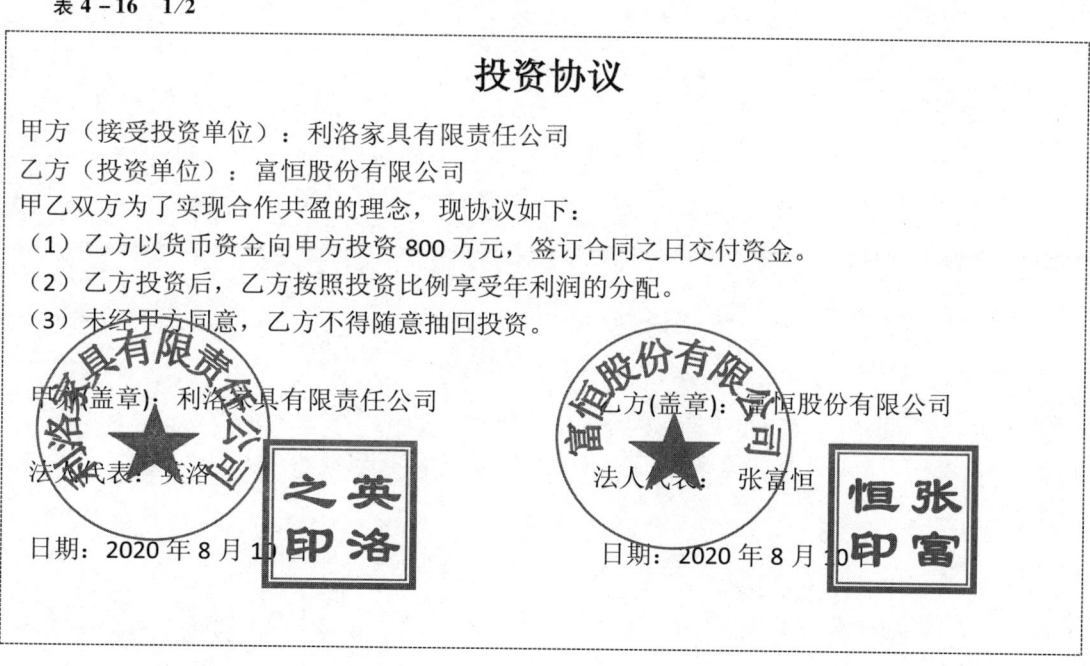

投资协议

甲方（接受投资单位）：利洛家具有限责任公司
乙方（投资单位）：富恒股份有限公司
甲乙双方为了实现合作共盈的理念，现协议如下：
（1）乙方以货币资金向甲方投资 800 万元，签订合同之日交付资金。
（2）乙方投资后，乙方按照投资比例享受年利润的分配。
（3）未经甲方同意，乙方不得随意抽回投资。

甲方(盖章)：利洛家具有限责任公司　　　乙方(盖章)：富恒股份有限公司

法人代表：英洛　　　　　　　　　　　　法人代表：张富恒

日期：2020 年 8 月 10 日　　　　　　　　日期：2020 年 8 月 10 日

表 4－16 2/2

中国银行 进账单（收账通知）

2020 年 8 月 10 日　　　　　第 56 号

收款人	全　称	利洛家具有限责任公司	付款人	全　称	富恒股份有限公司	此联是持票人开户行给持票人的收账通知
	账　号	135790246800		账　号	04985764802	
	开户银行	中行西安长安路支行		开户银行	农行西安大明宫支行	

人民币（大写）	捌佰万元整	千	百	十	万	千	百	十	元	角	分
		¥	8	0	0	0	0	0	0	0	0

票据种类	转支
票据张数	1 张
单位主管：	会计：
复　　核：	记账：

（收款人开户行盖章：中行西安长安路支行 2020.8.10 收讫）

17. 2020 年 8 月 11 日，申请银行汇票，由王方持往北京采购材料。

表 4－17

中国银行 汇票申请书（存根） 1

凭证号码　第 7251 号

申请日期 2020 年 8 月 11 日

申请人	利洛家具有限责任公司	收款人	利洛家具有限责任公司
账号或地址	西安 135790246800	账号或地址	北京 246801357900
用　途	购货	代理付款行	中行北京朝阳支行

汇票金额	人民币（大写）叁万元整	千	百	十	万	千	百	十	元	角	分
					¥ 3	0	0	0	0	0	0

备注：

科　　目 _____
对方科目 _____

财务主管 刘明玉　　复核 贾妮　　经办 刘芳

18. 2020 年 8 月 12 日，市场部职员王爽预借差旅费用于外出培训。

表 4-18

借 款 单														
2020 年 8 月 12 日															
工作部门	市场部	姓名	王爽	签章										
借款金额	人民币(大写)叁仟元整				十万	千	百	十	元	角	分			
					¥	3	0	0	0	0	0			
用　途	外出培训												
本单位批示	英洛	上级批示	同意	归还计划	日期	金额	日期	金额						

19. 2020 年 8 月 12 日，王方采购松木板一批，取得增值税专用发票，材料尚未验收入库，款项以前述银行汇票支付。

表 4-19

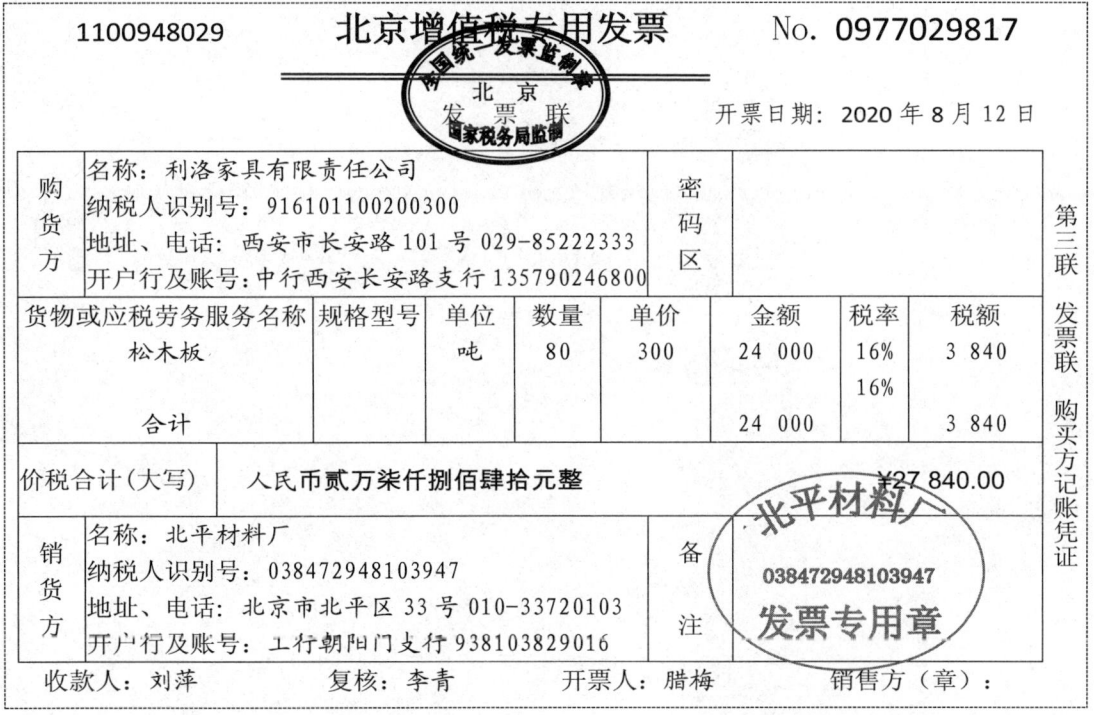

20. 2020 年 8 月 13 日，王方采购的松木板运达企业，验收入库。

表 4-20

收 料 单

收料仓库：原材料一仓库　　　　2020 年 8 月 13 日　　　　收料单编号：20200802

材料名称	单位	数量		单价	材料金额	运杂费	合计（实际成本）	实际单价
		应收数	实收数					
松木板	吨	80	80	300	24 000		24 000	300
合　　　　计					24 000		24 000	
供货单位	北平材料厂		结算办法		银行汇票	合同号		20200836
备注								

主管：邓明　　　　质量检验员：李欣　　　　入库验收：李伟　　　　仓库保管：大壮

21. 2020 年 8 月 13 日，办理前述银行汇票退款。

表 4-21

付款期限 壹个月	中国银行 汇票申请书 ( )		1	陕西	Ⅱ00151958 第 9382 号

出票日期（大写）	贰零贰零年捌月壹拾叁日	代理付款行：中行北京朝阳门支行
收款人：	利洛家具有限责任公司	账号：135790246800
出票金额 人民币（大写）	叁万元整	
实际结算金额 人民币（大写）	贰万柒仟捌佰肆拾元	千百十万千百十元角分 ￥ 2 7 8 4 0 0 0

申请人：_____
出票行：_____
备 注：_____

账号或住址：　陕西西安135790246800

多余金额
千百十万千百十元角分
￥ 2 1 6 0 0 0

左列退回多余金额已收入你账户内
财务主管：
复核：
经办：

出票行盖章　　　年　月　日

22. 2020 年 8 月 14 日,购买办公用品一批,取得增值税普通发票,款项以转账支票支付。

表 4-22 1/3

表 4-22 2/3

表 4-22　3/3

办公用品费用分配表

2020 年 8 月 14 日

领用部门	领用数量（件）	分配率	分配额	签名
生产管理部门	5		500	李欣
行政管理部门	12		1 200	王源
销售部门	3		300	王爽
合计	20	100	2 000	
复核：贾如			制单：李千	

23. 2020 年 8 月 14 日，开出现金支票提取现金，用于职工食堂日常补助。

表 4-23　1/2

表 4-23 2/2

西安市企业统一收据

2020 年 8 月 14 日

交款单位　　　　利洛家具有限责任公司

人民币（大写）　　贰万元整　　　　　　　　　　　　　¥20 000.00

摘　　要　　　　　　　食堂补助

现金	√
支票	
转账	

现金收讫

收款单位（盖章有效）　　　　　财务　王 源　经手人　张 凯

（利洛家具有限责任公司 财务专用章）

第三联 记账联

24. 2020 年 8 月 15 日，长春电器股票公允价值变动为每股 5 元。

表 4-24

公允价值变动计算表

2020 年 8 月 15 日

项目	持股数量	资产成本	公允价值变动前资产净值	当前公允价值	当前公允价值变动
长春电器股票	30 000	90 000	90 000	5	60 000

财务主管：刘明玉　　　复核：贾如　　　制单：李千

25. 2020年8月16日，采购木材一批，取得增值税专用发票，材料尚未运达企业，款项通过转账支票支付。

表 4-25 1/2

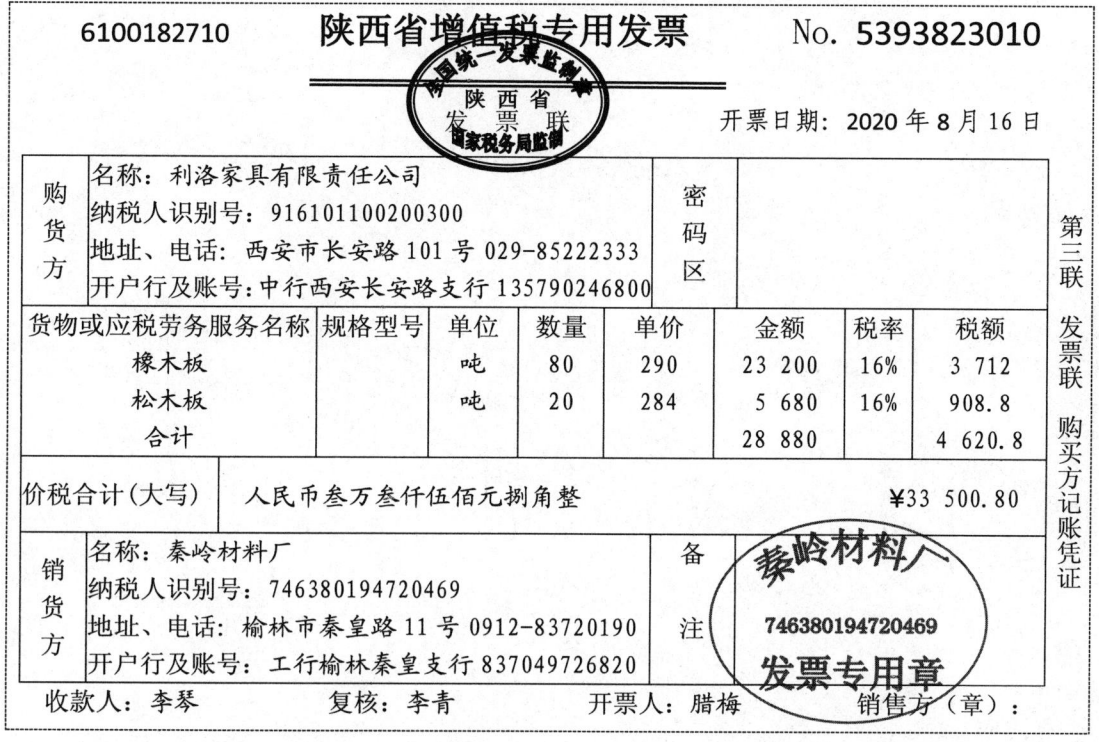

表 4-25 2/2

26. 2020 年 8 月 16 日，委托运输公司运输上述货物，取得货物运输业增值税专用发票，款项通过转账支票支付。

表 4－26 1/3

货物运输业增值税专用发票   No. 5310684730

陕西省 发票联 国家税务局监制

开票日期：2020 年 8 月 16 日

承运人及纳税人识别号	榆林第一运输公司 87390183693640	密码区	
实际受票方及纳税人识别号	利洛家具有限责任公司 91610110200300		
收货人及纳税人识别号	利洛家具有限责任公司 916101100200300	发货人及纳税人识别号	秦岭材料厂 746380194720469
起运地、经由、到达地	榆林市 至 西安市		
费用项目及金额	费用项目 金额 运费 600.00	运输货物信息	木材
合计金额	¥600.00 税率 10% 税额 ¥60.00	机器编号	
价税合计（大写）	人民币陆佰陆拾元整 （小写）¥660.00		
车种车号	陕 K123X4 车船吨位		
主管税务机关及代码	陕西省榆林市国家税务局	备注	847390183693640

收款人：柳柳   复核人：张庆   开票人：丁大力   承运人：丁晓丽

第三联 发票联 付款方记账凭证

表 4－26 2/3

运费分配表
2020 年 8 月 16 日

原材料	运费	数量（吨）	分配率	分配额
橡木板		80		480
松木板		20		120
合计	600	100	6	600

复核：贾如   制单：李千

表 4-26 3/3

27. 2020 年 8 月 17 日，上述材料运达企业，验收入库。

表 4-27

收 料 单

收料仓库：原材料一仓库　　　　2020 年 8 月 17 日　　　　收料单编号：20200803

材料名称	单位	数量		单价	材料金额	运杂费	合计（实际成本）	实际单价
		应收数	实收数					
橡木板	吨	80	80	290	23 200	480	23 680	296
松木板	吨	20	20	284	5 680	120	5 800	290
合　　计					28 880		29 480	
供货单位	秦岭材料厂		结算办法		转账支票	合同号		20200847
备注								

主管：邓明　　　质量检验员：李欣　　　入库验收：李伟　　　仓库保管：大壮

28. 2020年8月17日,王爽归来报销差旅费,返还余款。

表4-28 1/5

差旅费报销单

报销部门:市场部　　　　2020年8月17日　　　　NO:20150702

报销人			王爽		出差事由		销售培训			
日期	出发地	到达地	市 交通补贴		伙食补贴		车(船)票	出差补贴	住宿费	合计金额
			天数	金额	天数	金额				
8月13日	西安	上海	1	20	1	80	435	100	400	1035
			1	20	1	80		100	400	600
			1	20	1	80		100	400	600
8月16日	上海	西安	1	20	1	80	415	100		615
合计				80		320	850	400	1200	2850

报销金额合计人民币(大写):贰仟捌佰伍拾元整　　　　¥2 850.00

预借金额:¥3 000.00　　　　结余或超支:¥150.00

单位领导	英洛	会计主管	刘明玉
出纳	张凯	审核	贾如

附单据叁张

表4-28 2/5

001D065375

西安北站　　D2562　　上海南站

Xianbei　　→　　Shanghainan

2020年8月13日 15:52开　　03车08F号

¥435元　　　　　　　　二等座

限乘当日当次车

6101031983****1234　　王爽

买票请到12306 发货请到95306
中国铁路祝您旅途愉快

3847264004829005 83759　　西安北站售

表4-28 3/5

```
001D065375
上海南站      D2652      西安北站
Shanghainan    →      Xianbei
2020年8月16日13:33开        06车02A号
¥415元                     二等座
限乘当日当次车
6101031983****1234     王爽
    买票请到12306  发货请到95306
         中国铁路祝您旅途愉快

394732022904068060429    上海南站售
```

表4-28 4/5

4301120342	上海市增值税普通发票		No. 8472901748		
			开票日期：2020年8月16日		
购货方	名称：利洛家具有限责任公司 纳税人识别号：916101100200300 地址、电话：西安市长安路101号 029-85222333 开户行及账号：中行西安长安路支行135790246800		密码区		
货物或应税劳务服务名称	规格型号	单位	数量	单价	金额	税率	税额
住宿费					1 132.08	6%	67.92
合计					1 132.08		67.92
价税合计(大写)	人民币壹仟贰佰元整				¥1 200.00		
销货方	名称：上海锦江大酒店 纳税人识别号：847620479103345 地址、电话：上海市锦江路88号 021-66663330 开户行及账号：建行上海锦江路支行847260482719		备注 847620479103345		

表4-28 5/5

西安市企业统一收据

2020 年 8 月 17 日

交款单位　　　　　　　　王爽

人民币（大写）　壹佰伍拾元整　　　　　　　　　　　¥150.00

摘　要　　　原借¥3 000.00，报销¥2 850.00，退回现金¥150.00

现金	√
支票	
转账	

现金收讫

收款单位（盖章有效）　　　　财务　王　源　经手人　张　凯

（利洛家具有限责任公司 财务专用章）

第三联 记账联

29. 2020 年 8 月 18 日，销售衣柜，开出增值税专用发票，款项尚未收到。

表4-29

30. 2020 年 8 月 18 日，购买衣柜设计专利权一项，取得增值税专用发票，以上款项通过转账支票支付。

表 4-30 1/2

表 4-30 2/2

31. 2020年8月19日,修理设备,取得普通发票,开具转账支票支付。

表4-31 1/3

表4-31 2/3

表 4－31 3/3

设备修理费用分配表

2020 年 8 月 19 日

领用部门	工时（小时）	分配率	分配额	验收签名
生产车间	20		2 000	李欣
行政管理部门	8		800	王源
销售部门	7		700	王爽
合计	35	100	3 500	

复核：贾如　　　　　　　　　　　　　　　制单：李千

32. 2020 年 8 月 19 日，采购油漆一批，取得增值税专用发票，材料已运达企业，上述款项通过转账方式支付。

表 4－32 1/3

陕西省增值税专用发票

6100182710　　　　　　　　　　　　　　No. 5393821037

开票日期：2020 年 8 月 19 日

购货方	名称：利洛家具有限责任公司 纳税人识别号：916101100200300 地址、电话：西安市长安路 101 号 029-85222333 开户行及账号：中行西安长安路支行 135790246800	密码区	

货物或应税劳务服务名称	规格型号	单位	数量	单价	金额	税率	税额
油漆		斤	100	38	3 800	16%	608
合计					3 800		608

价税合计（大写）	人民币肆仟肆佰零捌元整	￥4 408.00

销货方	名称：南山材料厂 纳税人识别号：018468272603926 地址、电话：西安市郭杜 92 号 029-83379910 开户行及账号：农行西安郭杜支行 0394749638801	备注

收款人：刘杰　　　复核：李青　　　开票人：腊梅　　　销售方（章）：

表4-32 2/3

中国银行 电子转账凭证（回单）

2020 年 8 月 19 日　　　　第 12 号

付款人	全称	利洛家具有限责任公司	收款人	全称	南山材料厂	此联是持票人开户行给持票人的付款通知
	账号	135790246800		账号	0394749638801	
	开户银行	中行西安长安路支行		开户银行	农行西安郭杜支行	

人民币（大写）	肆仟肆佰零捌元整	千	百	十	万	千	百	十	元	角	分
					¥	4	4	0	8	0	0

付款人开户行盖章
中行西安长安路支行
2020.8.19
转讫

备注：购料款

表4-32 3/3

收 料 单

收料仓库：原材料二仓库　　　2020 年 8 月 19 日　　　收料单编号：20200804

材料名称	单位	数量		单价	材料金额	运杂费	合计（实际成本）	实际单价
		应收数	实收数					
油漆	斤	100	100	38	3 800		3 800	38
合　计					3 800		3 800	

供货单位	南山材料厂	结算办法	转账支付	合同号	20200863
备注					

主管：邓明　　　质量检验员：李欣　　　入库验收：李伟　　　仓库保管：大壮

33. 2020 年 8 月 20 日，现金支付环保局罚款。

表 4-33

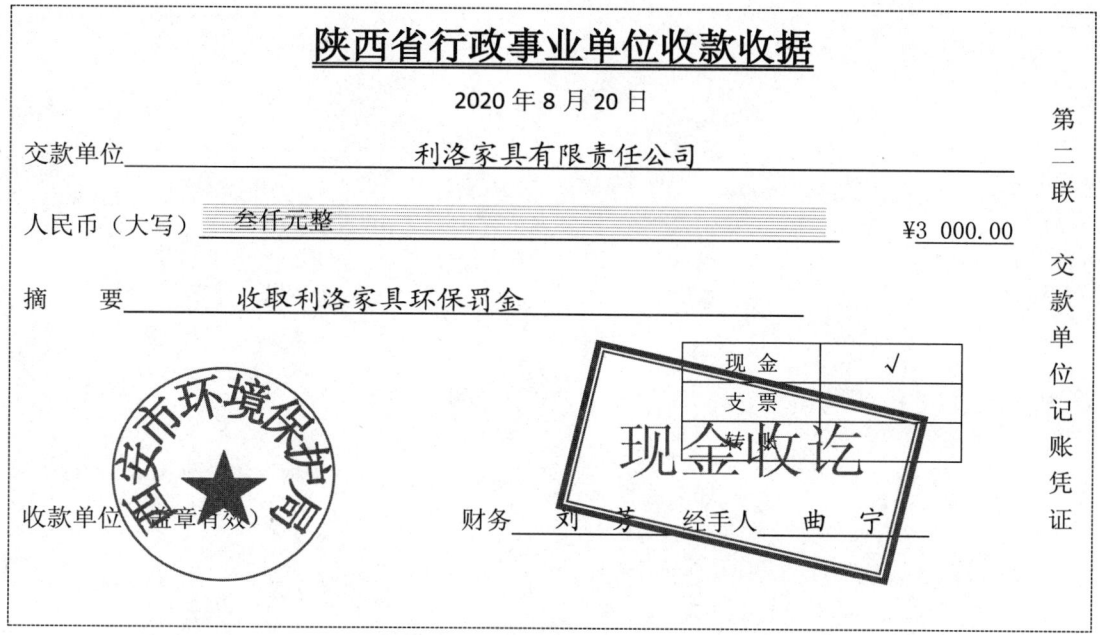

34. 2020 年 8 月 20 日，收到三林家居市场前欠销售款。

表 4-34

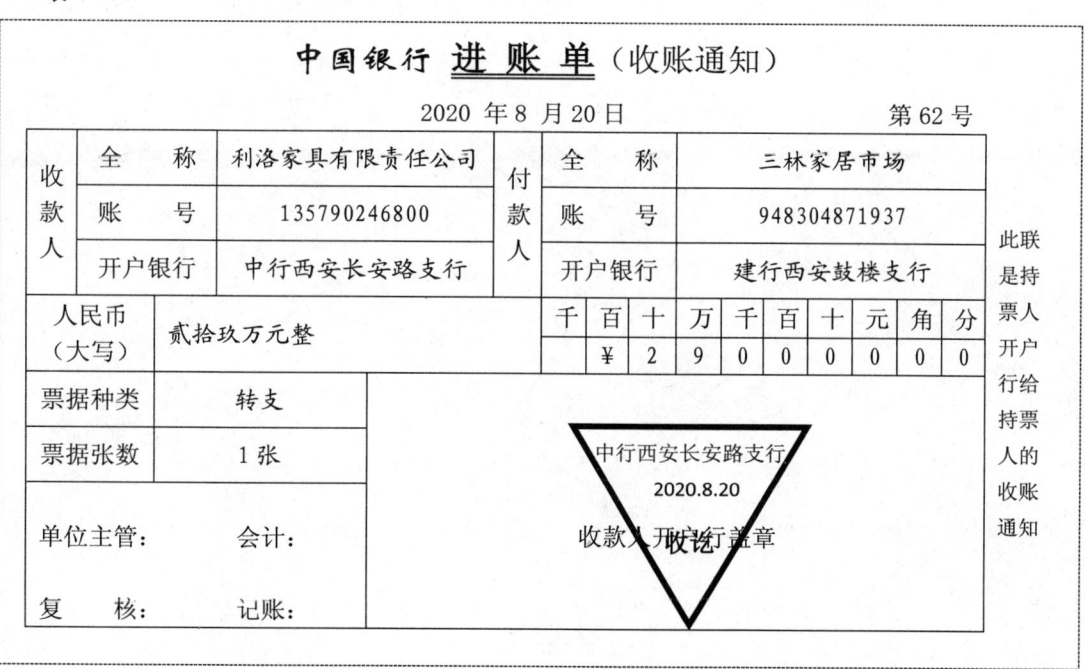

35. 2020 年 8 月 20 日，采购玻璃一批，取得增值税专用发票，材料已运达企业，款项尚未支付。

表 4－35　1/2

表 4－35　2/2

收　料　单

收料仓库：原材料二仓库　　2020 年 8 月 20 日　　收料单编号：20200806

材料名称	单位	数量		单价	材料金额	运杂费	合计（实际成本）	实际单价
		应收数	实收数					
玻璃	平方米	200	200	90	18 000		18 000	90
	合　　计				18 000		18 000	
供货单位	南山材料厂	结算办法		转账支付		合同号	20200868	
备注								

主管：邓明　　质量检验员：李欣　　入库验收：李伟　　仓库保管：大壮

36. 2020 年 8 月 21 日，经管理层决定，将一空置仓库用于出租，签订租赁协议。

表 4－36   1/2

仓库出租协议

第一条 本合同的各方为：

甲方：利洛家具有限责任公司(以下简称甲方)。法定地址：中国陕西省西安市长安路 101 号。法人代表：英洛。

乙方：永昌五金制造厂(以下简称乙方)。法定地址：中国陕西省西安市中华路 53 号。法人代表：刘永昌。

第二条 甲方将拥有的仓库 500 平方米出租给乙方。租赁起始日 2020 年 9 月 1 日，租期 3 年，到期后乙方有优先租赁权。

第三条 租金每月 3000 元，每月月初支付。

第四条 为保证乙方履行义务，甲方在合同签定日收取乙方押金 10 000 元，合同期满后归还乙方。

……

第八条 协议自签定之日起生效。

甲方（公章）：利洛家具有限责任公司　　乙方（公章）：永昌五金制造厂

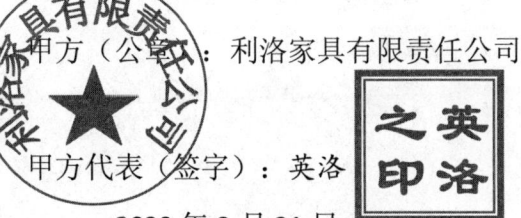

甲方代表（签字）：英洛　　　　　　　　乙方代表（签字）：刘永昌

2020 年 8 月 21 日　　　　　　　　　　　2020 年 8 月 21 日

表4－36　2/2

固定资产出租申请书

申报单位：利洛家具有限责任公司　　　　　　　厂固定资产资产编号：2-10068

名称	仓库	投入使用时间	2014年8月20日	编号	2-10068
型号、规格	300 ㎡	预计使用年限	10年	单位	间
制造厂	自建	尚可使用年限	4年	使用单位	装配车间
原值（元）	86000	净值（元）	38000		
已折旧（元）	48000	残值（元）	6000		
出租原因：	该仓库已闲置一年，预期未来三年无需使用。现有永昌五金制造厂申请租赁使用，租期可满足我公司仓库使用安排。 报告人：赵海 2020年8月21日				
资产管理部门意见	同意出租， 转为投资性房地产 2020年8月21日	厂部意见	同意出租， 转为投资性房地产 2020年8月21日		

37. 2020年8月21日，收取上述出租仓库押金，款项已存入银行。

表4－37　1/2

中国银行　进　账　单（收账通知）

2020年8月21日　　　　　　　　　　　　　　第78号

收款人	全　称	利洛家具有限责任公司	付款人	全　称	永昌五金制造厂	此联是持票人开户行给持票人的收账通知
	账　号	135790246800		账　号	948376450120	
	开户银行	中行西安长安路支行		开户银行	工行西安纺织城支行	
人民币（大写）	壹万元整		千百十万千百十元角分 ￥ 1 0 0 0 0 0 0 0			
票据种类	转支		中行西安长安路支行 2020.8.21 收款人开户行盖章			
票据张数						
单位主管：	会计：					
复　核：	记账：					

表 4-37 2/2

西安市企业统一收据

2020 年 8 月 21 日

交款单位：_____永昌五金制造厂_____

人民币（大写） 壹万元整   ¥10 000.00

摘　　要：_____收永昌五金制造厂房屋押金_____

现 金	
支 票	√
转 账	

收款单位（盖章有效）　　　财务　王　源　　经手人　张　凯

（利络家具有限责任公司 财务专用章）

第三联 记账联

---

38. 2020 年 8 月 21 日，发出材料。

表 4-38 1/4

发 料 单

2020 年 8 月 21 日

发料单位：切割车间　　　　　　　　　　　　　发料仓库：原材料一仓库
用　　途：生产预使用

品名	单位	数量		单位成本	领料总成本	领料人
		请领	实领			
橡木板	吨	10	10			李千歌
松木板	吨	15	15			李千歌

车间审批：郭远行　　　　　　　　　　　　　　保管员：李江

此联由财务部门记账用

表 4-38 2/4

发 料 单

2020 年 8 月 21 日

发料单位：装配车间

用　　途：装配产品　　　　　　　　　　　　发料仓库：原材料二仓库

品名	单位	数量		单位成本	领料总成本	领料人
		请领	实领			
油漆	斤	80	80			张佩佩
螺丝	斤	30	30			张佩佩

车间审批：郭远行　　　　　　　　　　　　　保管员：李江

此联由财务部门记账用

表 4-38 3/4

发 料 单

2020 年 8 月 21 日

发料单位：加工一车间

用　　途：生产橱柜　　　　　　　　　　　　发料仓库：原材料一仓库

品名	单位	数量		单位成本	领料总成本	领料人
		请领	实领			
橡木板	吨	30	30			张一鸣
松木板	吨	10	10			张一鸣
玻璃	平方米	280	280			张一鸣

车间审批：郭远行　　　　　　　　　　　　　保管员：李江

此联由财务部门记账用

表 4-38 4/4

发 料 单

2020 年 8 月 21 日

发料单位：加工二车间
用　　途：生产衣柜　　　　　　　　　　　　发料仓库：原材料一仓库

品名	单位	数量		单位成本	领料总成本	领料人
		请领	实领			
橡木板	吨	20	20			张尔东
松木板	吨	40	40			张尔东
镜子	平方米	250	250			张尔东

车间审批：郭远行　　　　　　　　　　　　　　　保管员：李江

此联由财务部门记账用

39. 2020 年 8 月 22 日，收到客户缴纳的违约金。

表 4-39

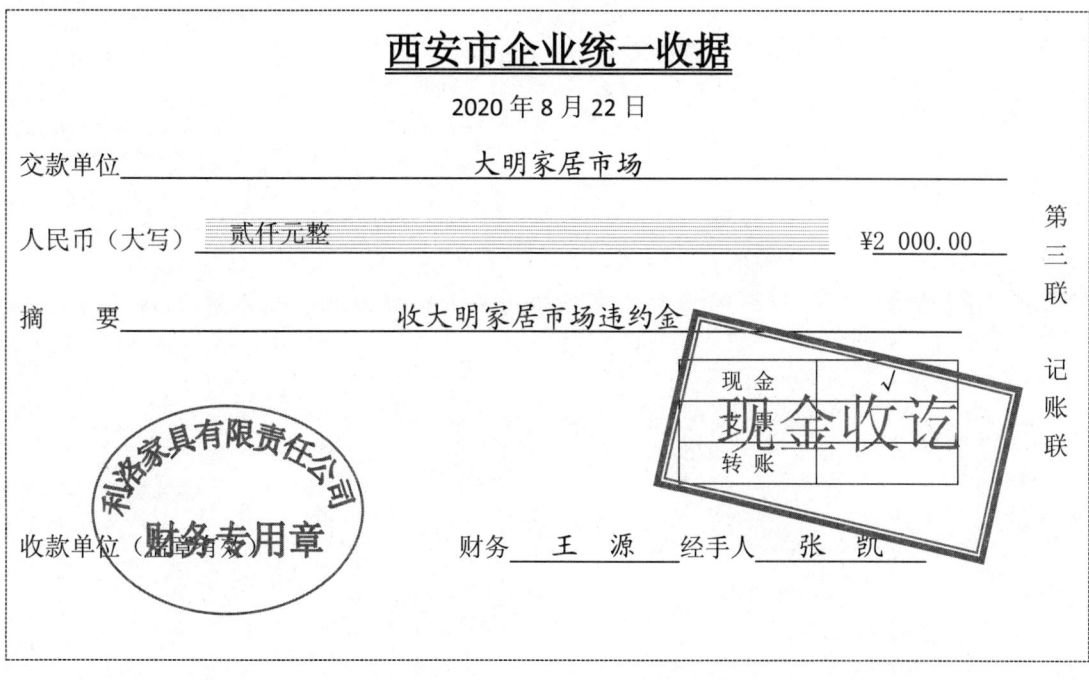

40. 2020 年 8 月 22 日，委托天天家具制造厂加工橱柜一批，材料已发出。

表 4-40

发 料 单

2020 年 8 月 22 日

发料单位：天天家具厂

用　　途：委托生产橱柜　　　　　　　　　　发料仓库：原材料一仓库

品名	单位	数量		单位成本	领料总成本	领料人
		请领	实领			
松木板	吨	8	8			张傲天

车间审批：郭远行　　　　　　　　　　　　　　保管员：李江

此联由财务部门记账用

41. 2020 年 8 月 23 日，委托广告公司制作广告，取得增值税专用发票，款项已转账支付。

表 4-41　1/2

表 4-41 2/2

42. 2020年8月23日，销售多余松木板，开出增值税专用发票，款项已经收到并转入银行。

表 4-42 1/3

表 4–42 2/3

中国银行 进 账 单（收账通知）

2020 年 8 月 23 日　　　　　　　　　　　第 84 号

收款人	全称	利洛家具有限责任公司	付款人	全称	安安家具制造厂
	账号	135790246800		账号	847038613749
	开户银行	中行西安长安路支行		开户银行	农行西安鹿苑支行

人民币（大写）	肆仟陆佰肆拾元整	千	百	十	万	千	百	十	元	角	分
					¥	4	6	4	0	0	0

票据种类	转支
票据张数	1 张

中行西安长安路支行
2020.8.23
收讫
收款人开户行盖章

单位主管：　　会计：
复　核：　　记账：

此联是持票人开户行给持票人的收账通知

表 4–42 3/3

发 料 单

2020 年 8 月 23 日

发料单位：安安家具制造厂
用　途：出售多余材料　　　　　　发料仓库：原材料一仓库

品名	单位	数量		单位成本	领料总成本	领料人
		请领	实领			
松木板	吨	10	10			张傲天

车间审批：郭远行　　　　　　　　　保管员：李江

此联由财务部门记账用

43. 2020 年 8 月 24 日，购买刨床一台，取得增值税专用发票，尚未安装，款项已转账支付。

表4-43 1/2

表4-43 2/2

44. 委托运输公司运回刨床,取得货物运输业增值税专用发票,款项通过转账支票支付。

表 4-44 1/2

表 4-44 2/2

45. 2020年8月25日，请安装公司安装上述刨床，取得增值税专用发票，款项以转账支票支付。

表 4-45 1/2

表 4-45 2/2

46. 2020 年 8 月 25 日，上述刨床投入使用。

表 4－46

利洛家具有限责任公司固定资产验收单

2020 年 8 月 25 日

固定资产名称	刨床	规格	
资产类别	生产设备	数量	1台
使用部门	切割车间		
安装单位（部门）	西安得利安装有限公司		
资产来源	外购	验收日期	2020.8.25
使用日期	2020.9.1	使用年限	10年
原　值	¥300 000.00	净残值率	10%
固定资产管理部门验收意见	符合合同规定质量标准，验收合格　负责人签名：李进		

47. 2020 年 8 月 25 日，长春电器股票公允价值变动为每股 4 元。

表 4－47

公允价值变动计算表

2020 年 8 月 25 日

项目	持股数量	资产成本	公允价值变动前资产净值	当前公允价值	当前公允价值变动
长春电器股票	30 000	90 000	150 000	4	-30 000

财务主管：刘明玉　　复核：贾如　　制单：李千

48. 2020年8月26日，开出现金支票提取现金，支付职工生活困难补助。

表 4-48   1/3

职工生活困难补助通知

财务部：

　　经工会研究决定，对李玉华等人生活困难予以补助，以现金形式发放，补助名单附后，特此通知。

利洛家具有限责任公司工会
2020年8月26日

表 4-48   2/3

困难补助明细表

姓 名	金额	领款人	姓 名	金额	领款人
李玉华	2500	李玉华	田小宝	3000	田小宝
张 强	2800	张 强	李 宏	2500	李 宏
王 强	2300	王 强	张丽丽	2900	张丽丽

表 4-48   3/3

中国银行
现金支票存根
支票号码：010803
附加信息
出票日期　2020 年 8 月 26 日
收款人：利洛家具有限责任公司
金　额：¥16 000.00
用　途：支付职工生活困难补助
单位主管：英洛　　会计：王源

49. 2020年8月26日，销售橱柜，开出增值税专用发票，取得购买方开出的商业承兑汇票。

表 4-49 1/2

陕西省增值税专用发票

6100181130　　　　　　　　　　　　　　　　　　　　　　No. 5310692584

此联不做报销、扣税凭证使用　　　开票日期：2020 年 8 月 26 日

购货方	名称：三林家居市场 纳税人识别号：746019749264018 地址、电话：西安市韦曲南 9 号 029-84739000 开户行及账号：建行西安鼓楼支行 948304871937	密码区	
货物或应税劳务服务名称	规格型号	单位	数量	单价	金额	税率	税额
橱柜		套	40	8 000	320 000	16%	51 200
合计					320 000		51 200

价税合计（大写）　人民币叁拾柒万壹仟贰佰元整　　　　　　　¥371 200.00

| 销货方 | 名称：利洛家具有限责任公司
纳税人识别号：916101100200300
地址、电话：西安市长安路 101 号 029-85222333
开户行及账号：中行西安长安路支行 135790246800 | 备注 | （发票专用章） |

收款人：李如花　　复核：贾如　　开票人：李千　　销售方（章）：

第一联 记账联 销货方记账凭证

表 4-49 2/2

商业承兑汇票

2020 年 8 月 26 日　　　　　　　X10636354

付款人	全称	三林家居市场	收款人	全称	利洛家具有限责任公司	
	账号	948304871937		账号	135790246800	
	开户银行	建行西安鼓楼支行		开户银行	中行西安长安路支行	行号 13594

| 出票金额 | 人民币（大写）叁拾柒万壹仟贰佰元整 | 千 百 十 万 千 百 十 元 角 分
¥　　　3 7 1 2 0 0 0 0 |
| 汇票日期（大写） | 贰零贰零年捌月贰拾陆日 | 交易合同号码　342 |

本汇票已经承兑，到期无条件支付票款。　　本汇票请予以承兑于到期日付款。

承兑人签章　　　　　　　　　　　　　　　　出票人签章
2020 年 8 月 26 日

50. 2020年8月27日，向希望小学捐款。

表 4-50 1/2

表 4-50 2/2

51. 2020 年 8 月 27 日，销售衣柜，开出增值税专用发票，款项尚未收到。

表 4－51

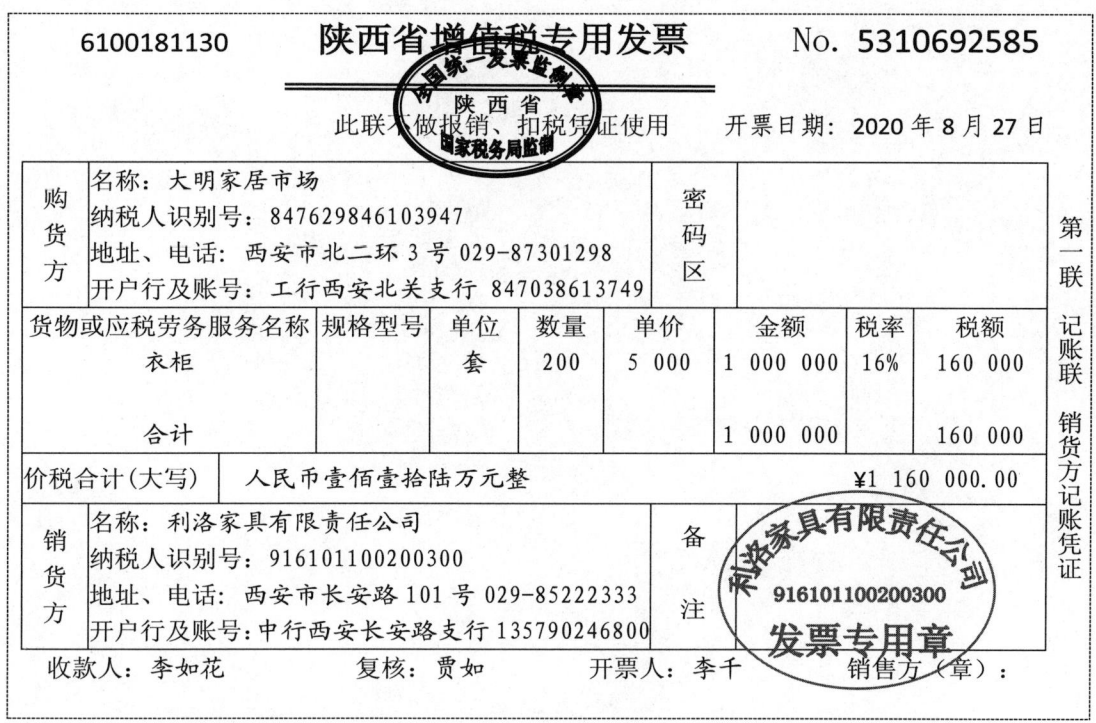

52. 2020 年 8 月 28 日，旧切割机一台转入清理。

表 4－52

固定资产出售（调拨）单

2020 年 8 月 28 日

	编号	140736	数量	1	规定使用年限	10	已提折旧	300 000
固定资产出售（调拨）理由	名称	切割机	启用时间	2014	已使用年限	6	净值	230 000
	规格		停用时间	2020	原值	530 000	出售价格	250 000
	切割车间因从日本引进最新切割设备，原切割机低价售出。				调入单位名称	西安木材厂		
					无偿调拨或价拨	有偿		
					备注			
					调入单位签字	设备科签字	主管厂长签字	
							该设备处理意见已达成共识，同意处理。	
					李林 2020.8.28	王建 2020.8.28	英洛 2020.8.28	

53. 2020年8月28日，出售上述旧切割机，款项已经收到并存入银行。

表4-53 1/2

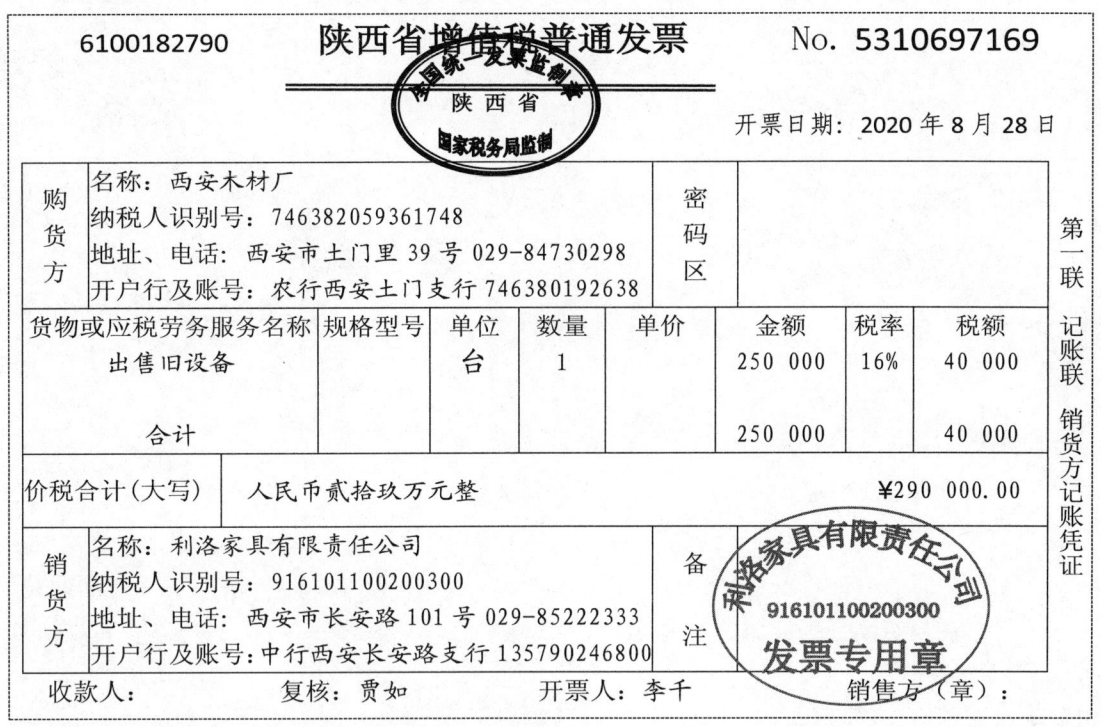

表4-53 2/2

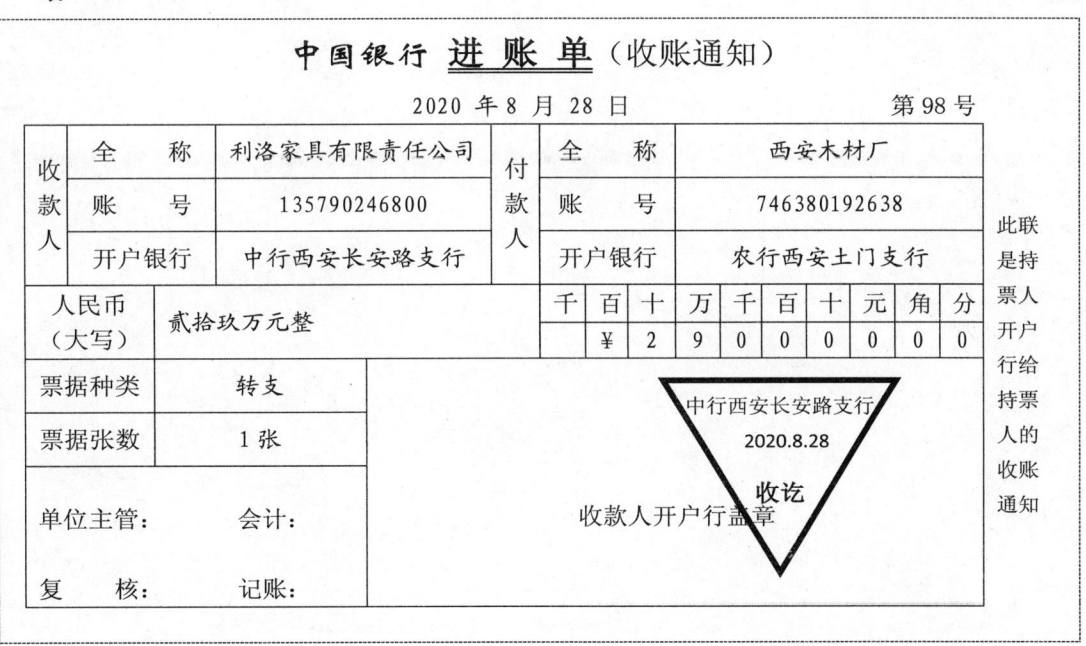

54. 2020 年 8 月 28 日，上述旧切割机发生清理修理费用，以转账支票支付。

表 4-54 1/2

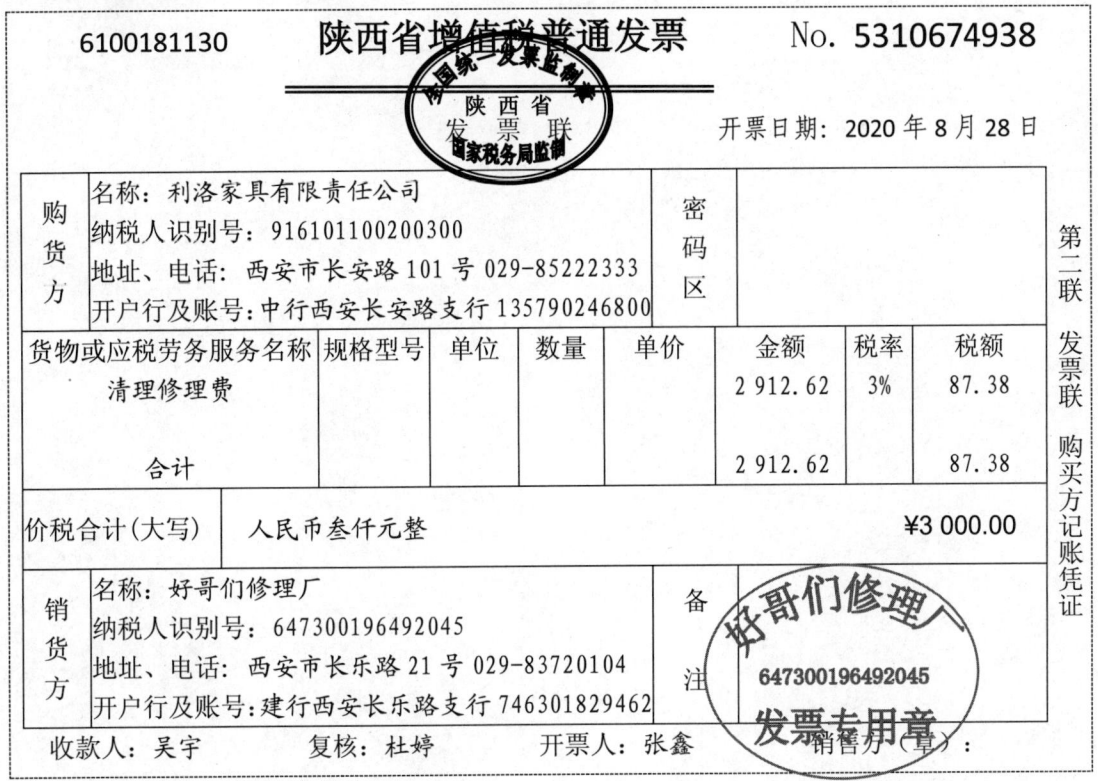

表 4-54 2/2

55. 2020年8月28日，结转旧切割机清理损益。

表 4-55

固定资产清理损益计算表

2020年8月28日

清理项目	切割机	清理原因	更新换代
固定资产清理借方发生额		固定资产清理贷方发生额	
清理支出内容	金额	清理收入内容	金额
固定资产净值	230 000	变卖收入	250 000
清理修理费用	3 000		
借方合计	233 000	贷方合计	250 000
净收益　¥17 000.00			
固定资产清理　金额： 净损失			
复核：贾如		制单：李千	

56. 2020年8月28日，收到前述商业承兑汇票款项。

表 4-56

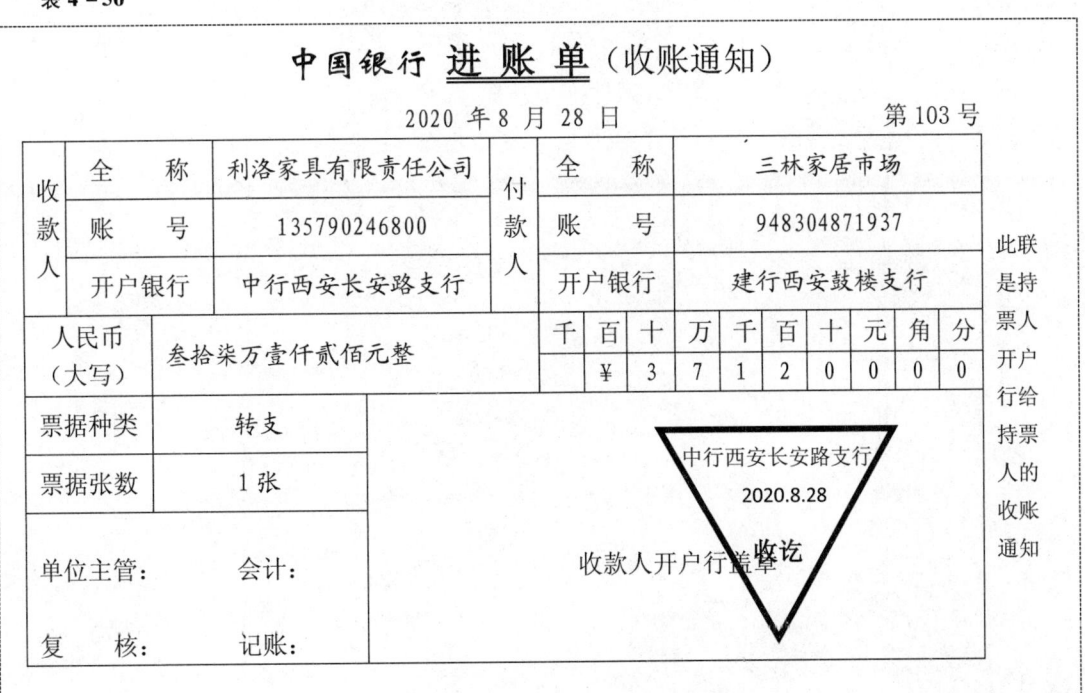

57. 2020年8月28日，以每股7元，出售前述长春电器股票。

表4-57

28/8/2020	成交过户交割凭单		卖
股东编号：	A225033668	成交证券：	长春电器股票
电脑编号：	673984	成交数量：	30 000（股）
公司代号：	468	成交价格：	7.00
申请编号：	126	成交金额：	210 000.00
申报时间：	9:01:42	标准佣金：	0.00
成交时间：	11:25:39	过户费用：	0.00
上次余额：	30 000（股）	印花税：	0.00
本次成交：	30 000（股）	应收金额：	210 000.00
本次余额：	0（股）	附加费用：	0.00
本次库存：	0（股）	实收金额：	210 000.00
经办单位：		客户签章：刘夏	

（②通知联）

58. 2020年8月29日，销售橱柜，开出增值税专用发票，款项已存入银行。

表4-58 1/2

表 4-58 2/2

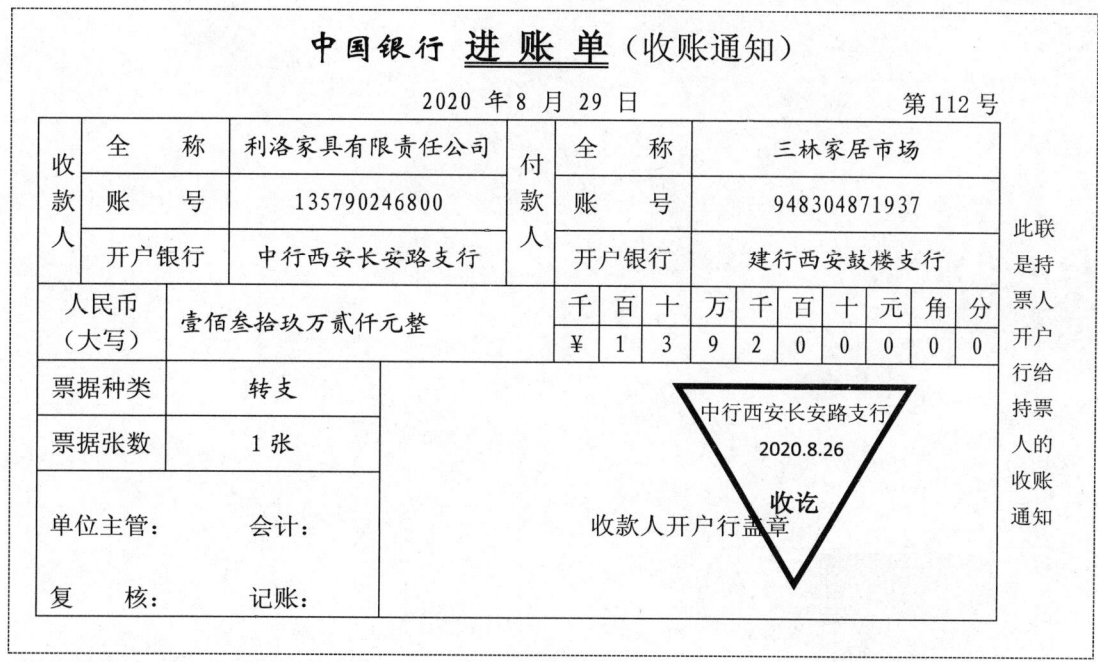

59. 2020 年 8 月 29 日,收到大明家居市场前欠销货款。

表 4-59

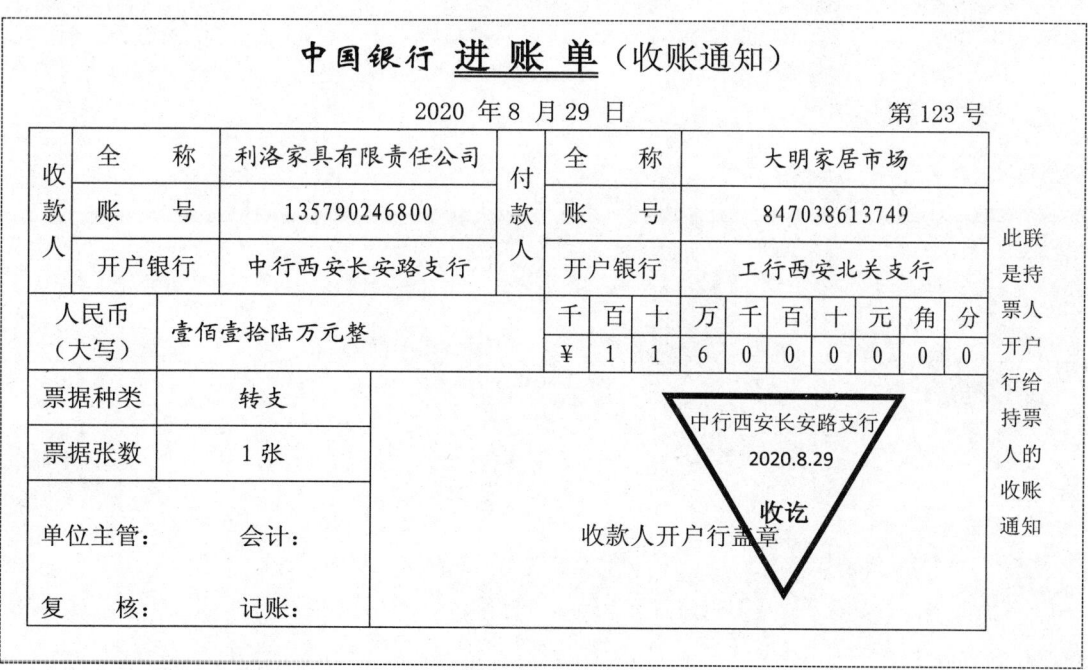

60. 2020年8月30日，为客户提供橱柜维修服务，开具增值税专用发票，款项已收到并存入银行。

表4-60 1/2

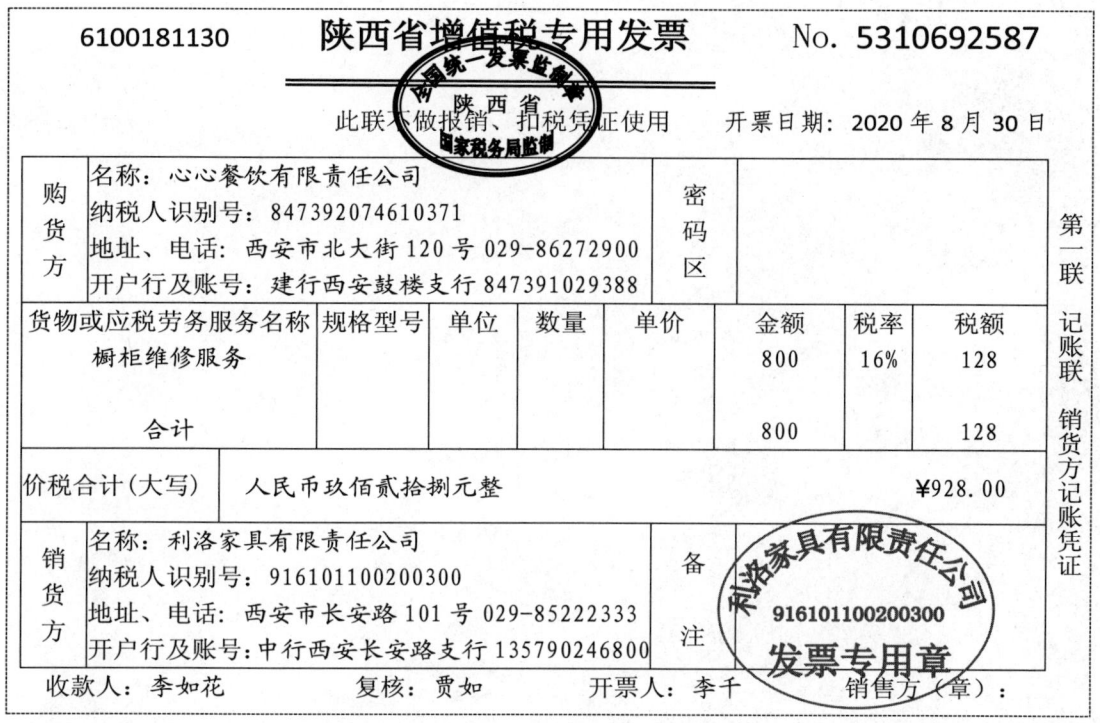

表4-60 2/2

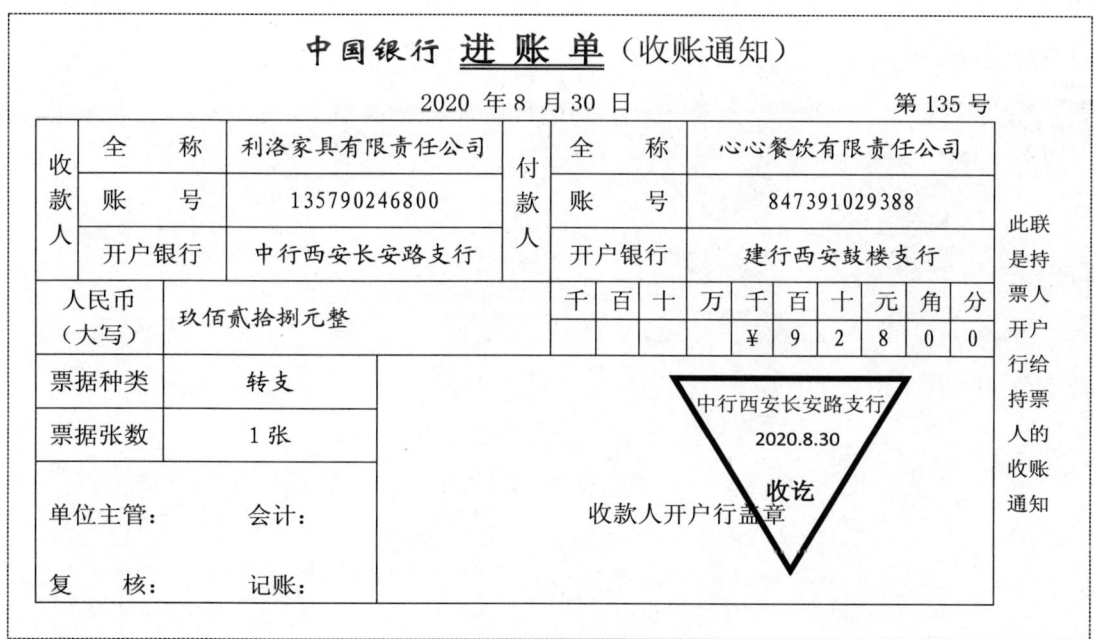

61. 2020年8月31日，收到银行转来的电费发票。

表4-61 1/3

6100182710	陕西省增值税专用发票		No. 5393878753	
			开票日期：2020年8月31日	

购货方	名称：利洛家具有限责任公司 纳税人识别号：916101100200300 地址、电话：西安市长安路101号 029-85222333 开户行及账号：中行西安长安路支行135790246800	密码区	

货物或应税劳务服务名称	规格型号	单位	数量	单价	金额	税率	税额
电费	工业用电	度	12 000	1.05	12 600	16%	2 016
电费	居民用电	度	5 000	0.8	4 000		640
合计					16 600		2 656

价税合计（大写）	人民币壹万玖仟贰佰伍拾陆元整	￥19 256.00

销货方	名称：西安市供电局 纳税人识别号：786539021347804 地址、电话：西安市东仪路22号 029-87321560 开户行及账号：建行西安东仪路支行098654985412

收款人：李沁	复核：张大大	开票人：董冬冬	销售方（章）：

表4-61 2/3

电 费 计 算 表

2020年8月31日

受益部门	耗用量（千瓦/时）	单价	金额
车间	12 000	1.05	12 600
行政管理部门	3 000	0.8	2 400
销售部门	2 000	0.8	1 600
合计			16 600

复核：陈晓　　　　　　　　　　　　　　制表：李文

表4-61 3/3

中国银行 电子转账凭证（回单）

2020 年 8 月 31 日　　　　　　　第 43 号

付款人	全　称	利洛家具有限责任公司	收款人	全　称	西安市供电局	此联是持票人开户行给持票人的付款通知
	账　号	135790246800		账　号	098654985412	
	开户银行	中行西安长安路支行		开户银行	建行西安东仪路支行	
人民币（大写）		壹万玖仟贰佰伍拾陆元整	千 百 十	万 千 百 十 元 角 分		
				¥ 1 9 2 5 6 0 0		
备注：转付电费			付款人开户行盖章 中行西安长安路支行 2020.8.31 转讫			

62. 2020 年 8 月 31 日，编制并计提 2020 年 8 月工资表及工资分配表。

（1）基础资料（编制工资表附件）。

①2020 年 8 月日历。

表4-62 （1）1/5

公元 2020 年 8 月

一	二	三	四	五	六	日
					1	2
3	4	5	6	7	8	9
10	11	12	13	14	15	16
17	18	19	20	21	22	23
24	25	26	27	28	29	30
31						

②2020年8月调整工资通知。

表 4-62 (1) 2/5

调整工资通知

财务部：
　　经公司董事会关于调整员工工资的决定，从2020年8月起，贺宏、韩小芬基本工资每人每月增加70元，从2020年8月开始执行，特此通知。

利洛家具有限责任公司人事部
2020年7月31日

③加工一车间第一小组2020年7月工资卡。

表 4-62 (1) 3/5　　加工一车间第一小组2020年7月工资卡　　（单位：元）

序号	姓　名	基本工资	物价补贴	夜班津贴	序号	姓　名	基本工资	物价补贴	夜班津贴
1	李玉华	3 150	220	300	7	王小亮	1 900	220	
2	张　强	2 450	220	250	8	张新怀	1 750	220	
3	王　强	2 350	220		9	王全民	1 560	220	
4	田小宝	2 200	220		10	张新明	1 300	220	
5	杨　新	2 100	220		11	贺　宏	1 130	220	
6	田胜利	2 000	220		12	韩小芬	980	220	120

④加工一车间第一小组2020年8月考勤汇总统计表。

表4-62　(1) 4/5　　加工一车间第一小组2020年8月考勤汇总统计表　　　　　(单位：天)

姓名	出勤天数				缺勤天数				备注
	出勤	加班	迟到	早退	公假	伤假	病假	事假	
李玉华	20				10			1	
张　强	21				10				
王　强	21				10				
田小宝	21				10				
杨　新	20				10			1	
田胜利	21				10				
王小亮	21				10				
张新怀	21				10				
王全民	21				10				
张新明	21				10				
贺　宏	21				10				
韩小芬	19				10			2	

工资审核签字：王亮　　　　　部门负责人签字：李玉华　　　　　考勤员签字：张强

⑤加工一车间第一小组2020年8月代扣款项通知。

表4-62　(1) 5/5　　加工一车间第一小组2020年8月代扣款项通知　　　　　(单位：元)

姓名＼项目	水电费	扣款合计
李玉华	330	330
张强	120	120
王强	80	80
田小宝	160	160
合计		690

制表：李小源　　　　　　　　　　　　　　　　　复核：马小龙

(2）根据上述资料编制 2020 年 8 月加工一车间第一小组工资结算单。

表 4-62 （2）

工 资 结 算 单

部门：加工一车间第一小组　　　　　　　　　　2020 年 8 月 31 日　　　　　　　　　　（单位：元）

姓 名	基本工资	津贴和补贴		加班加点工资	应扣工资		应付工资	代扣款项						实发金额
		物价补贴	夜班津贴		病假	事假		养老金(8%)	失业金(1%)	医疗保险(2%)	住房公积金(5%)	水电费	个人所得税	小计	
李玉华															
张 强															
王 强	2 350.00	220.00	0.00	0.00	0.00	0.00	2 570.00	205.60	25.70	51.40	128.50	80.00		491.20	2 078.80
田小宝	2 200.00	220.00	0.00	0.00	0.00	0.00	2 420.00	193.60	24.20	48.40	121.00	160.00		547.20	1 872.80
杨 新	2 100.00	220.00	0.00	0.00	0.00	100.00	2 220.00	177.60	22.20	44.40	111.00	0.00		355.20	1 864.80
田胜利	2 000.00	220.00	0.00	0.00	0.00	0.00	2 220.00	177.60	22.20	44.40	111.00	0.00		355.20	1 864.80
王小亮	1 900.00	220.00	0.00	0.00	0.00	0.00	2 120.00	169.60	21.20	42.40	106.00	0.00		339.20	1 780.80
张新怀	1 750.00	220.00	0.00	0.00	0.00	0.00	1 970.00	157.60	19.70	39.40	98.50	0.00		315.20	1 654.80
王全民	1 560.00	220.00	0.00	0.00	0.00	0.00	1 780.00	142.40	17.80	35.60	89.00	0.00		284.80	1 495.20
张新明	1 300.00	220.00	0.00	0.00	0.00	0.00	1 520.00	121.60	15.20	30.40	76.00	0.00		243.20	1 276.80
贺 宏	1 200.00	220.00	0.00	0.00	0.00	0.00	1 420.00	113.60	14.20	28.40	71.00	0.00		227.20	1 192.80
韩小芬															
合 计															

劳动人事部工资主管审核签字：王亮　　部门主管：李军　　工资核算员：王岚　　复核：李源　　编报日期：2020 年 8 月 31 日

(3) 根据上述资料编制 2020 年 8 月加工一车间工资结算单。

表 4-62 (3)

工 资 结 算 单

2020 年 8 月 31 日

部门：加工一车间 （单位：元）

姓 名	人数	基本工资	津贴和补贴		加班加点工资	应扣工资		应付工资	代扣款项					小计	实发金额
			物价补贴	夜班津贴		病假	事假		养老金(8%)	失业金(1%)	医疗保险(2%)	住房公积金(5%)	水电费	个人所得税		
生产工人																
第一小组																
第二小组	8	14 880.00	1 760.00	1 030.00	1 486.00			19 156.00	1 532.48	191.56	383.12	957.80	200.00		3 264.96	15 891.04
小计																
车间管理人员																
第一小组	5	11 000.00	1 100.00		1 226.90			13 326.90	1 066.15	133.27	266.54	666.35	160.00		2 292.31	11 034.59
第二小组	8	17 600.00	1 760.00		1 429.19			20 789.19	1 663.14	207.89	415.78	1 039.46	128.00		3 454.27	17 334.92
小计	13	28 600.00	2 860.00		2 656.09			34 116.09	2 729.29	341.16	682.32	1 705.81	288.00		5 746.58	28 369.51
合 计	33	66 490.00	7 260.00	1 700.00	4 142.09	0.00	350.00	79 242.09	6 339.37	792.42	1 584.84	3 962.11	1 178.00	0.00	13 856.74	65 385.35

劳动人事部工资主管审核签字：王亮　　部门主管：李军　　工资核算员：王岚　　复核：李源　　编报日期：2020 年 8 月 31 日

(4) 根据上述资料编制 2020 年 8 月利洛家具有限责任公司工资结算汇总表，结转代扣水电费和个人所得税。

表 4-62 （4）

利洛家具有限责任公司工资结算汇总表

2020 年 8 月 31 日

(单位：元)

部门	类型	类别	职工人数	基本工资	津贴和补贴		加班工资	应扣工资		应付工资	代扣款项					小计	实发金额
					物价补贴	夜班津贴		病假	事假		养老金(8%)	失业金(1%)	医疗保险(2%)	住房公积金(5%)	个人所得税	水电费		
加工一车间	生产工人		13	28 600.00	2 860.00	0.00	2 656.09	0.00	0.00	34 116.09	2 729.29	341.16	682.32	1 705.81	0.00	288.00	5 746.58	28 369.51
加工二车间		管理人员	86	159 960.00	18 920.00	3 560.00	684.14	0.00	0.00	183 124.14	14 649.93	1 831.24	3 662.48	9 156.21	0.00	1 680.00	30 979.86	152 144.28
加工二车间	生产工人		4	8 800.00	880.00	0.00	202.30	0.00	0.00	9 882.30	790.58	98.82	197.65	494.12	0.00	120.00	1 701.17	8 181.13
切割车间		管理人员	18	33 480.00	3 960.00	1 100.00	0.00	0.00	0.00	38 540.00	3 083.20	385.40	770.80	1 927.00	260.00	520.00	6 946.40	31 593.60
切割车间	生产工人		2	4 400.00	440.00	0.00	0.00	0.00	0.00	4 840.00	387.20	48.40	96.80	242.00	0.00	60.00	834.40	4 005.60
装配车间		管理人员	29	53 940.00	6 380.00	1 350.00	513.00	76.91	0.00	62 106.09	4 968.49	621.06	1 242.12	3 105.30	0.00	600.00	10 536.97	51 569.12
装配车间	生产工人		3	6 600.00	660.00	0.00	0.00	0.00	0.00	7 260.00	580.80	72.60	145.20	363.00	0.00	80.00	1 241.60	6 018.40
行政管理人员			66	171 600.00	14 520.00	0.00	0.00	0.00	0.00	186 120.00	14 889.60	1 861.20	3 722.40	9 306.00	0.00	72.00	29 851.20	156 268.80
销售人员			20	52 000.00	4 400.00	12 000.00	0.00	0.00	0.00	68 400.00	5 472.00	684.00	1 368.00	3 420.00	2 260.00	420.00	13 624.00	54 776.00
合 计																		

劳动人事部工资主管审核签字：王亮　　部门主管：李军　　工资核算员：王岚　　复核：李源　　编报日期：2020 年 8 月 31 日

(5) 月末进行工资分配。

表 4-62 (5)

利洛家具有限责任公司工资分配汇总表

2020 年 8 月 31 日

(单位：元)

类　别		生产工人工资	车间管理人员工资	行政管理人员工资	销售人员工资
借方					
生产成本	橱柜				
	衣柜				
制造费用	加工一车间				
	加工二车间				
	切割车间				
	装配车间				
管理费用					
销售费用					
合　计					

工资核算员：王岚　　　　复核：李源　　　　编报日期：2020 年 8 月 31 日

(6) 计提职工福利费、工会经费、职工教育经费、社会保险费。

表 4-62 (6)

利洛家具有限责任公司计提职工福利费、工会经费、职工教育经费、社会保险费计提计算表

2020 年 8 月 31 日

(单位：元)

人员类别	基数	职工福利费 (14%)	社会保险					小计	住房公积金 (10%)	工会经费 (2%)	职工教育经费 (2.5%)	合计
			养老保险费 (20%)	失业保险费 (2%)	医疗保险费 (6%)	生育保险费 (1%)	工伤保险费 (1%)					
生产成本												
橱柜												
衣柜												
制造费用												
加工一车间												
加工二车间												
切割车间												
装配车间												
管理费用												
销售费用												
合　计												

工资核算员：王岚　　　　　　　　复核：李源　　　　　　　　编报日期：2020 年 8 月 31 日

63. 2020 年 8 月 31 日，计提本月国债利息。

表 4-63

国债利息计算表

2020 年 8 月 31 日

项目	债券数量	年利率	月利率	月利息
国债	300 000	8.4%	0.7%	

财务主管：刘明玉　　　复核：贾如　　　制单：李千

64. 2020 年 8 月 31 日，计提并支付本月借款利息。

表 4-64

利息费用计算表

2020 年 8 月 31 日

借款种类	本金数额	平均月利率	月利息额
短期借款	800 000	4‰	
长期借款	3 000 000	6‰	
合计			

财务主管：刘明玉　　　复核：贾如　　　制单：李千

65. 2020 年 8 月 31 日，计提本月固定资产折旧费。

表 4-65

固定资产折旧计算表

2020 年 8 月　　　　　　　　　　　　单位：元

使用单位和固定资产类别	上月计提折旧额	上月增加的固定资产应计提的折旧额	上月减少的固定资产应计提的折旧额	本月应计提折旧额
加工一车间	33 680	2 000		
加工二车间	24 260			
切割车间	15 210		3 000	
装配车间	26 800	1 200		
行政管理部门	3 800			
销售部门	680	150		
合计	104 430	3 350	3 000	

复核：贾如　　　制单：李千　　　2020 年 8 月 31 日

66. 2020年8月31日,现金盘点,盘亏500元,经批准,由出纳赔偿,款项尚未收到。

表4-66

现金盘点报告表

单位:利洛家具有限责任公司　　2020年8月31日　　　　　　单位:元

名称	计量单位	账存	实存	对比结果		备注
				盘盈	盘亏	
库存现金	元	7 171.46	6 671.46		500	出纳失职

财务主管:刘明玉　　　　　复核:贾如　　　　　制单:李千

67. 2020年8月31日,编制发料凭证汇总表。

表4-67

发料凭证汇总表

2020年8月31日

领用部门及用途 \ 原材料	原材料						合计
	原料及主要材料		辅助材料		外购半成品		
	橡木板	松木板	油漆	螺丝	镜子	玻璃	
加工一车间——橱柜							
加工二车间——衣柜							
切割车间							
装配车间							
行政管理部门							
销售部门							
委托加工发出							
销售材料发出							
合计							

复核:李勤　　　　　制单:刘二珠　　　　　2020年8月31日

68. 2020年8月31日,收到委托加工的橱柜,取得加工费增值税专用发票,上述款项已转账支付,橱柜已验收入库。

表 4-68 1/3

陕西省增值税专用发票

6100182710   No. 5393878753

开票日期：2020 年 8 月 31 日

购货方	名称：利洛家具有限责任公司 纳税人识别号：916101100200300 地址、电话：西安市长安路 101 号 029-85222333 开户行及账号：中行西安长安路支行 135790246800	密码区	
货物或应税劳务服务名称	规格型号	单位	数量	单价	金额	税率	税额
加工费					3 180	16%	508.80
合计					3 180		508.80
价税合计（大写）	人民币叁仟陆佰捌拾捌元捌角整		¥3 688.80
销货方	名称：天天家具厂 纳税人识别号：847392084710396 地址、电话：西安市丈八路 90 号 029-62179018 开户行及账号：建行西安丈八路支行 019028176212	备注	

收款人：刘恺   复核：李白   开票人：张涛   销售方（章）：

表 4-68 2/3

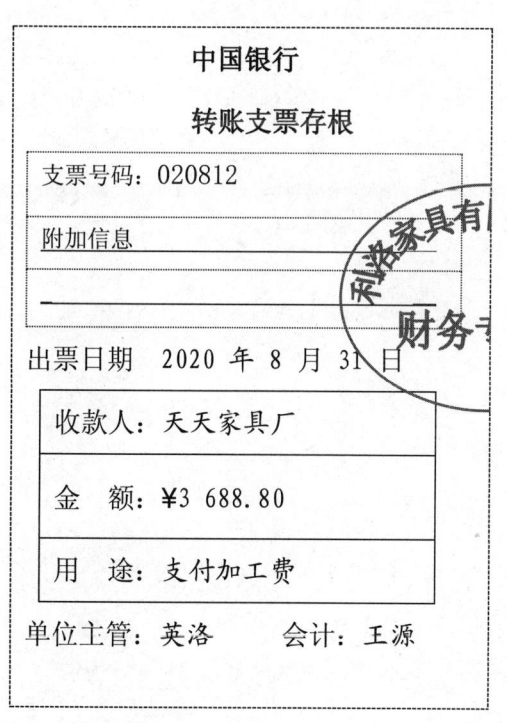

中国银行
转账支票存根

支票号码：020812

附加信息

出票日期 2020 年 8 月 31 日

收款人：天天家具厂

金　额：¥3 688.80

用　途：支付加工费

单位主管：英洛   会计：王源

表 4-68 3/3

产成品入库单

交库单位：天天家具厂　　　　　2020 年 8 月 31 日　　　　　　　　　　单位：元

产品名称	单位	交付数量	实收数量	材料费	加工费	总成本	单位成本
橱柜	套	1	1				
合计		1	1				

复核：李勤　　　　　　　　　　制单：刘二珠　　　　　　　　2020 年 8 月 31 日

69. 2020 年 8 月 31 日，归集并结转本月发生的制造费用。

表 4-69

制造费用分配表

2020 年 8 月 31 日　　　　　　　　　　单位：元

产品名称	分配标准（工时）	分配率	分配金额
橱柜	300		
衣柜	200		
合计	500		

复核：贾如　　　　　　　　　　制单：李千　　　　　　　　　2020 年 8 月 31 日

70. 2020 年 8 月 31 日，完工产品入库。

表 4-70 1/3

产品成本计算单

产品名称：橱柜　　　　　　　　2020 年 8 月 31 日　　　　　　　　　　单位：元

项目		产量	直接材料	直接人工	制造费用	合计
期初在产品成本						
本期生产费用						
合计						
本月完工产品	总成本	75				
	单位成本					
期末在产品(约当产量50)		50				

复核：贾如　　　　　　　　　　制单：李千　　　　　　　　　2020 年 8 月 31 日

表4-70 2/3

产品成本计算单

产品名称：衣柜　　　　　　　2020年8月31日　　　　　　　　　　　　单位：元

项目		产量	直接材料	直接人工	制造费用	合计
期初在产品成本						
本期生产费用						
合计						
本月完工产品	总成本	180				
	单位成本					
期末在产品(约当产量120)		120				

复核：贾如　　　　　　　　　制单：李千　　　　　　　　2020年8月31日

表4-70 3/3

产成品入库单

交库单位：装配车间　　　　　2020年8月31日　　　　　　　　　　　　单位：元

产品名称	单位	交付数量	实收数量	总成本	单位成本
橱柜	套	75	75		
衣柜	套	180	180		
合计					

复核：李勤　　　　　　　　　制单：刘二珠　　　　　　　2020年8月31日

71. 2020年8月31日，结转本月销售产品成本。

表4-71

销售产品成本计算单

2020年8月31日　　　　　　　　　　　　单位：元

产品名称	单位	销售数量	总成本	单位成本
橱柜	套	240		
衣柜	套	250		
合计				

复核：贾如　　　　　　　　　制单：李千　　　　　　　　2020年8月31日

72. 2020 年 8 月 31 日，结转本月收入类账户。
73. 2020 年 8 月 31 日，结转本月费用类账户。
74. 2020 年 8 月 31 日，计算、确认并结转本月企业所得税（不考虑纳税调整）。

表 4-72

所得税费用计算表

2020 年 8 月 31 日　　　　　　　　　　　　　　　　　　单位：元

利润总额	应纳税所得额	所得税税率	所得税费用
		25%	
复核：贾如	制单：李千		2020 年 8 月 31 日

二、实训用表（注：请按照以下用表数量，将列式表样复制粘贴排版）

1. 记账凭证：112 张
2. 总分类账：75 张
3. 银行存款日记账：8 张
4. 现金日记账：3 张
5. 三栏式明细账：38 张（应付职工薪酬 10 + 应交税费 5 + 交易性金融资产 2 + 其他货币资金 2 + 其他应付款 2 + 应付账款 2 + 应收账款 2 + 预收账款 1 + 主营业务收入 2）
6. 数量金额式明细账：10 张（库存商品 2 + 原材料 6）
7. 多栏式明细账：3 张（生产成本 2）
8. 横线登记式明细账：4 张（应收票据 1 + 在途物资 1 + 其他应收款 1）
9. 应交增值税明细账：4 套
10. 发生额及余额试算平衡表：2 张
11. 资产负债表：1 张
12. 利润表：1 张
13. 账簿封皮：1 张（未给样表，建议直接市场购买）
14. 凭证封皮：1 张（未给样表，建议直接市场购买）

实训用表 1-1

记 账 凭 证

年　月　日　　　　　　　　　　　　　　　　　　字第　　号

摘要	科目		借方金额	贷方金额	√
	总账科目	明细科目	亿千百十万千百十元角分	亿千百十万千百十元角分	
	合计				

会计主管：　　　　　记账：　　　　　复核：　　　　　制单：

附单据　　张

实训用表 1-2

记 账 凭 证

年　月　日　　　　　　　　　　　　　　　　　　字第　　号

摘要	科目		借方金额	贷方金额	√
	总账科目	明细科目	亿千百十万千百十元角分	亿千百十万千百十元角分	
	合计				

会计主管：　　　　　记账：　　　　　复核：　　　　　制单：

附单据　　张

实训用表 2-1

总 分 类 账

会计科目或编号：_____　　　　　　　　　　　　　　　　　第_____页

年		记账凭证		摘要	借方									√	贷方									√	借或贷	余额									√
月	日	字	号		千	百	十	万	千	百	十	元	角	分		千	百	十	万	千	百	十	元	角	分			千	百	十	万	千	百	十	元	角	分	

实训用表 2-2

总 分 类 账

会计科目或编号：_____　　　　　　　　　　　　　　　　　第_____页

年		记账凭证		摘要	借方									√	贷方									√	借或贷	余额									√
月	日	字	号		千	百	十	万	千	百	十	元	角	分		千	百	十	万	千	百	十	元	角	分			千	百	十	万	千	百	十	元	角	分	

实训用表 3-1

银 行 存 款 日 记 账

开户行:
账　号:

第_____页

年		记账凭证	结算方式		对方科目	摘要	借方									核对	贷方									核对	余额								
月	日	字	号	类别	号数			千	百	万	千	百	十	元	角	分		千	百	万	千	百	十	元	角	分		千	百	万	千	百	十	元	角	分

实训用表 3-2

银 行 存 款 日 记 账

开户行:
账　号:

第_____页

年		记账凭证	结算方式		对方科目	摘要	借方									核对	贷方									核对	余额								
月	日	字	号	类别	号数			千	百	万	千	百	十	元	角	分		千	百	万	千	百	十	元	角	分		千	百	万	千	百	十	元	角	分

实训用表 4-1

现 金 日 记 账

单位名称:_____　　　　　　　　　　　　　　　　　　第____页

年		记账凭证		对方科目	摘要	借方									核对	贷方									核对	余额								
月	日	字	号			千	百	万	千	百	十	元	角	分		千	百	万	千	百	十	元	角	分		千	百	万	千	百	十	元	角	分

实训用表 4-2

现 金 日 记 账

单位名称:_____　　　　　　　　　　　　　　　　　　第____页

年		记账凭证		对方科目	摘要	借方									核对	贷方									核对	余额								
月	日	字	号			千	百	万	千	百	十	元	角	分		千	百	万	千	百	十	元	角	分		千	百	万	千	百	十	元	角	分

实训用表 5-1

明细分类账

子目：_____ 第____页

年		记账凭证		摘要	借方									√	贷方									借或贷	余额									√
月	日	字	号		千	百	十	万	千	百	十	元	角	分	千	百	十	万	千	百	十	元	角	分		千	百	十	万	千	百	十	元	角	分

实训用表 5-2

明细分类账

子目：_____ 第____页

年		记账凭证		摘要	借方									√	贷方									借或贷	余额									√
月	日	字	号		千	百	十	万	千	百	十	元	角	分	千	百	十	万	千	百	十	元	角	分		千	百	十	万	千	百	十	元	角	分

实训用表 6-1

明细分类账

类别：_____ 第____页
名称：_____ 计量单位：_____

年		记账凭证	摘要	借方			贷方			余额		
月	日	字号		数量	单价	金额	数量	单价	金额	数量	单价	金额

实训用表 6-2

明细分类账

类别：_____ 第____页
名称：_____ 计量单位：_____

年		记账凭证	摘要	借方			贷方			余额		
月	日	字号		数量	单价	金额	数量	单价	金额	数量	单价	金额

实训用表 7-1

明细分类账

子目：_____   第____页

年		记账凭证		摘要																													余额							
月	日	字	号		千	百	十	万	千	百	十	元	角	分	千	百	十	万	千	百	十	元	角	分	千	百	十	万	千	百	十	元	角	分	千	百	十	万	千	百	十	元	角	分

实训用表 7-2

明细分类账

子目：_____   第____页

年		记账凭证		摘要																													余额							
月	日	字	号		千	百	十	万	千	百	十	元	角	分	千	百	十	万	千	百	十	元	角	分	千	百	十	万	千	百	十	元	角	分	千	百	十	万	千	百	十	元	角	分

实训用表 7-3

明细分类账

子目：＿＿＿＿＿＿＿＿＿＿　　　　　　　　　　　　　　　　　　　　　　　　　　第＿＿＿＿页

年		记账凭证		摘要																													余额							
月	日	字	号		千	百	十	万	千	百	十	元	角	分	千	百	十	万	千	百	十	元	角	分	千	百	十	万	千	百	十	元	角	分	千	百	十	万	千	百	十	元	角	分

实训用表 8-1

_____ 明细分类账

子目：_____ 第____页

科目名称	借方					贷方					转销
	年		记账凭证		摘要	金额	年		记账凭证		摘要	金额	

实训用表 8-2

_____ 明细分类账

子目：_____ 第____页

科目名称	借方					贷方					转销
	年		记账凭证		摘要	金额	年		记账凭证		摘要	金额	

实训用表 8-3

明细分类账

子目：_____   第_____页

科目名称	借方				贷方				转销
	年 月 日	记账凭证 字 号	摘要	金额 千百十万千百十元角分	年 月 日	记账凭证 字 号	摘要	金额 千百十万千百十元角分	

实训用表 8-4

明细分类账

子目：_____   第_____页

科目名称	借方				贷方				转销
	年 月 日	记账凭证 字 号	摘要	金额 千百十万千百十元角分	年 月 日	记账凭证 字 号	摘要	金额 千百十万千百十元角分	

实训用表 9-1

（A面） 应交增值税

年		记账凭证		摘要	借 方						
月	日	字	号		进项税额		已交税金			合计	
					千百十万千百十元角分		千百十万千百十元角分		千百十万千百十元角分	千百十万千百十元角分	

明 细 分 类 账 （B面）

第_____页

贷 方				借或贷	余 额
销项税额	出口退税	进项税额转出	合计		
千百十万千百十元角分	千百十万千百十元角分	千百十万千百十元角分	千百十万千百十元角分		千百十万千百十元角分

实训用表 9-2

(A面) 应 交 增 值 税

年		记账凭证	摘要	借 方			
月	日	字号		进项税额	已交税金		合计
				千百十万千百十元角分	千百十万千百十元角分	千百十万千百十元角分	千百十万千百十元角分

明 细 分 类 账 **(B面)**

第____页

贷 方				借或贷	余 额
销项税额	出口退税	进项税额转出	合计		
千百十万千百十元角分	千百十万千百十元角分	千百十万千百十元角分	千百十万千百十元角分		千百十万千百十元角分

实训用表 10-1　　　　　　　　　　　发生额及余额试算平衡表

编制单位：　　　　　　　　　　　　　　年　月　日　　　　　　　　　　　　　单位：

总账科目	期初余额		本期发生额		期末余额	
	借方余额	贷方金额	借方余额	贷方金额	借方余额	贷方金额

实训用表 10–2　　　　　　　　　**发生额及余额试算平衡表**

编制单位：　　　　　　　　　　　　　年　月　日　　　　　　　　　　　　　单位：

总账科目	期初余额		本期发生额		期末余额	
	借方余额	贷方金额	借方余额	贷方金额	借方余额	贷方金额

实训用表 11　　　　　　　　　　资 产 负 债 表

编制单位：　　　　　　　　　　　　年　月　日　　　　　　　　　　　　　　　　单位：

资产	行数	期末余额	期初余额	负债和所有者权益（或股东权益）	行数	期末余额	期初余额
流动资产：				流动负债：			
货币资金	1			短期借款	1		
交易性金融资产	2			交易性金融负债	2		
衍生金融资产	3			衍生金融负债	3		
应收票据及应收账款	4			应付票据及应付账款	4		
预付款项	5			预收款项	5		
其他应收款	6			合同负债	6		
存货	7			应付职工薪酬	7		
合同资产	8			应交税费	8		
持有待售资产	9			其他应付款	9		
一年内到期的非流动资产	10			持有待售负债	10		
其他流动资产	11			一年内到期的非流动负债	11		
流动资产合计	12			其他流动负债	12		
非流动资产：				流动负债合计	13		
债权投资	13			非流动负债：			
其他债权投资	14			长期借款	14		
长期应收款	15			应付债券	15		
长期股权投资	16			其中：优先股	16		
其他权益工具投资	17			永续债	17		
其他非流动金融资产	18			长期应付款	18		
投资性房地产	19			预计负债	19		
固定资产	20			递延收益	20		
在建工程	21			递延所得税负债	21		
生产性生物资产	22			其他非流动负债	22		
油气资产	23			非流动负债合计	23		
无形资产	24			负债合计	24		
开发支出	25			所有者权益（或股东权益）：			
商誉	26			实收资本（或股本）	25		
长期待摊费用	27			其他权益工具	26		
递延所得税资产	28			其中：优先股	27		
其他非流动资产	29			永续债	28		
非流动资产合计	30			资本公积	29		
				减：库存股	30		
				其他综合收益	31		
				盈余公积	32		
				未分配利润	33		
				所有者权益合计	34		
资产总计	31			负债和所有者权益（或股东权益）总计	35		

实训用表 12　　　　　　　　　　　　利　润　表

编制单位：　　　　　　　　　　　　　　年　月　　　　　　　　　　　　　　单位：

项　目	行次	本期金额	上期金额
一、营业收入	1		
减：营业成本	2		
税金及附加	3		
销售费用	4		
管理费用	5		
研发费用	6		
财务费用	7		
其中：利息费用	8		
利息收入	9		
资产减值损失	10		
信用减值损失	11		
加：其他收益	12		
投资收益（损失以"－"号填列）	13		
其中：对联营企业和合营企业的投资收益	14		
净敞口套期收益（损失以"－"号填列）	15		
公允价值变动收益（损失以"－"号填列）	16		
资产处置收益（损失以"－"号填列）	17		
二、营业利润（亏损以"－"号填列）	18		
加：营业外收入	19		
减：营业外支出	20		
三、利润总额（亏损总额以"－"号填列）	21		
减：所得税费用	22		
四、净利润（净亏损以"－"号填列）	23		
（一）持续经营净利润（净亏损以"－"号填列）	24		
（二）终止经营净利润（净亏损以"－"号填列）	25		
五、其他综合收益的税后净额	26		
（一）不能重分类进损益的其他综合收益			
（以下略）			
（二）将重分类进损益的其他综合收益			
（以下略）			

参考文献

1. 李占国:《基础会计综合模拟实训》,高等教育出版社 2010 年版。
2. 杨明:《会计学原理》,中国财政经济出版社 2013 年版。
3. 李长春、王永德、董舒兰:《会计基本技能实训》,高等教育出版社 2014 年版。
4. 杨明、李萍、常茹:《会计学原理模拟实训》,中国财政经济出版社 2018 年版。